스티브 잡스 아저씨의
세상을
바꾼
도전

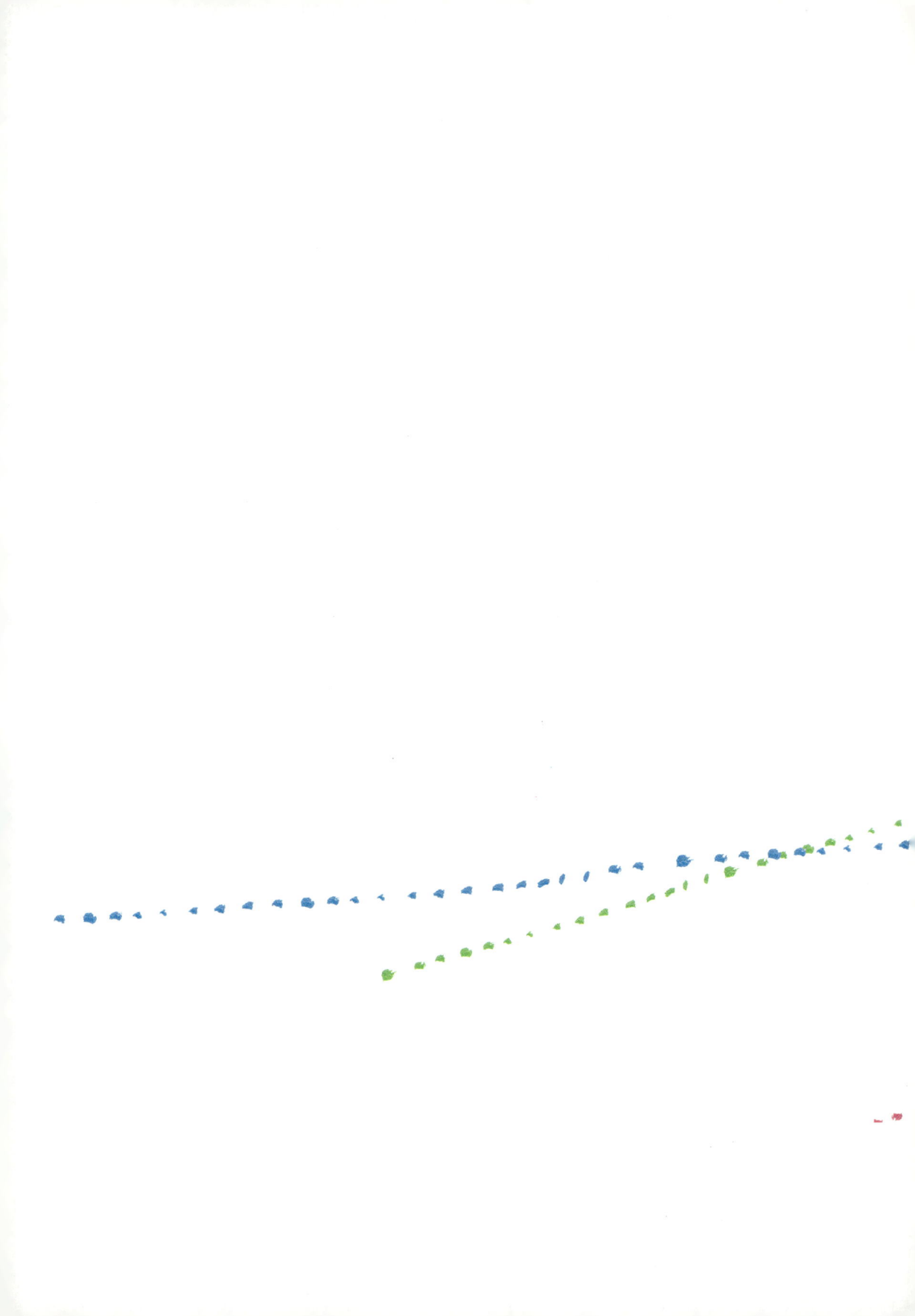

스티브 잡스 아저씨의
세상을 바꾼
도전

최은영 글 | 정진희 그림

주니어김영사

머리글

스티브 아저씨처럼
꿈을 향해 전진하라!

　어린이 여러분들은 스티브 잡스가 누구인지 알고 있나요? 잘 모르겠다면 애니메이션 〈토이 스토리〉는 알고 있겠지요? 또 음악 파일을 넣어 들을 수 있는 '아이팟'이라든지, 전화도 인터넷도 척척 되는 '아이폰'은 알고 있을 거예요. 스티브 잡스 아저씨는요, 여러분들이 알고 있는 이런 물건들을 만들어 낸 사람이에요.

　이렇게 어마어마한 것들을 만들어 냈으니 스티브 잡스 아저씨는 얼마나 뛰어난 사람일까요? 그런데 스티브 잡스 아저씨가 살아 온 이야기들을 들어보면 그는 천재가 아니라 여러분과 비슷한, 아니 여러분보다 훨씬 더 단점이 많은 사람이라는 것을 알게 될 거예요.

　스티브 잡스 아저씨는 어린 시절 친부모에게 버림받고 낯선 사람들에게 입양되었어요. 그런 마음속의 상처 때문에 자기밖에 모르는 고집불통 외톨이가 되었지요. 친구들이랑 노는 것보다 기계 만지는 것을 좋아했고 학교 공부도 열심히 하지 않았어요. 중학교와 고등학교에 다닐 때에는 머리를 치렁치렁 길게 기르고 공원을 헤매고 다니기도 했어요. 또 대학교에 입학한 지 반 년 만에 학교를 그만두고요. 그랬던 스티브 잡스 아저씨가 어떻게 세상을 깜짝 놀라게 한 물건들을 만들었을까요?

스티브 아저씨는 자신이 좋아하는 일을 일찌감치 알아차렸어요. 그리고 자신이 좋아하는 일로 세상을 바꾸겠다는 꿈을 가슴에 새기고, 그 꿈을 이루기 위하여 계속 도전해 나갔어요. 여러 번 실패해도 다시 일어나고 또 도전했지요. 그런 노력 덕분에 현재 스티브 아저씨가 꿈꾸던 많은 물건들을 만들어 냈고 그 물건들은 사람들에게 즐거움과 편리함, 놀라움을 안겨 주었답니다.

　이 책은 괴짜였던 어린 스티브가 어떻게 성공한 사업가가 될 수 있었는지 그 과정을 꼼꼼히 담고 있어요. 그리고 재미있는 일화들을 통해 여러분들이 꼭 배워야 할 여러 덕목들을 차근차근 뽑아냈어요. 자아 찾기, 좋은 친구 만들기, 도전하기, 끈기 갖기, 상상하기 그리고 현재를 소중히 하기 등을 말이에요.

　《스티브 잡스 아저씨의 세상을 바꾼 도전》을 끈기를 가지고 끝까지 읽는다면 꿈과 용기로 가득 찬 자신을 만날 수 있을 거예요. 어린이 여러분 모두 스티브 잡스 아저씨처럼 사람들을 깜짝 놀라게 할, 멋진 일을 해내는 어른으로 성장하기를 기대할게요.

2010년 짧은 가을날, 글쓴이 최은영

차례

들어가는 이야기
스탠퍼드에 나타난 영웅 8
괴짜 사장 스티브 잡스

나를 찾아라! 14
마음의 문을 닫은 아이 | 기계를 좋아했던 외톨이 | 공부도 재미있는걸!
나를 위한 선택
🍎 스티브 잡스 아저씨의 성공법칙❶ : 끈기 있게 자아 찾기

마음을 사로잡는 일을 해라! 38
랭 아저씨의 한 마디 | 빌 휴렛과 통화하다 | 동양 사상에 빠지다
🍎 스티브 잡스 아저씨의 성공법칙❷ : 꿈과 목표 만들기

세상에서 가장 소중한 친구 56
스티브, 스티브를 만나다 | 워즈는 만들고, 잡스는 팔고 | 둘만의 회사 '애플' 탄생
🍎 스티브 잡스 아저씨의 성공법칙❸ : 든든한 친구 만들기

실패를 두려워하지 마! 76
애플 1의 탄생 | 컴퓨터 축제의 충격 | 최고를 향한 도전
🍎 스티브 잡스 아저씨의 성공법칙❹ : 끊임없이 도전하기

넘어져도 다시 일어나! 98
리사 프로젝트의 실패 | 실패는 되풀이되고 | 애플에서 쫓겨나다
🍎 스티브 잡스 아저씨의 성공법칙❺ : 끈기 가지기

세상을 바라보는 눈 116
컴퓨터의 또 다른 가능성 | 〈토이 스토리〉를 만들다 | 1달러 사장
🍎 스티브 잡스 아저씨의 성공법칙❻ : 자유롭게 상상하기

미래를 향한 발걸음 136
새로운 도약 | 아이맥 그리고 CD 드라이브 | 아이팟과 아이폰
🍎 스티브 잡스 아저씨의 성공법칙❼ : 용감하게 실천하기

바로 지금이 중요해! 154
죽음의 문 앞에 서다 | 다시 처음으로
🍎 스티브 잡스 아저씨의 성공법칙❽ : 현재에 충실하기

들어가는 이야기

스탠퍼드에 나타난 영웅

괴짜 사장, 스티브 잡스

6월의 햇살이 스탠퍼드 대학교의 졸업식장에 따사롭게 내려앉았다. 오천여 명에 이르는 스탠퍼드의 졸업생들은 숨죽인 채 다음 연사를 기다리고 있었다.

"오늘 학교를 떠나는 여러분을 위해 아주 특별한 연사를 모셨습니다. 성공을 꿈꾸는 젊은이에게 최고의 본보기가 되고 있는 애플 주식회사의 대표, 스티브 폴 잡스입니다."

부학장이 스티브를 소개했다. 식장에는 우레와 같은 박수와 함성이 터졌다. 스티브는 환하게 미소를 지으며 천천히 연단에 올라섰다.

"고맙습니다. 오늘 세계 최고의 대학으로 꼽히는 스탠퍼드의 졸업식에 참석하게 된 것을 큰 영광으로 생각합니다."

졸업생들은 한껏 기대에 찬 표정으로 스티브를 올려다보았다. 스탠퍼드의 졸업생들에게 스티브는 신과도 같은 존재였다. 애플 컴퓨터를 시작으로 아이팟과 아이폰, 아이패드에 이르기까지 그가 만들어 낸 것은 모두 전 세계 사람들의 마음을 사로잡았다.

"저는 사실 대학을 나오지 않았습니다. 중간에 그만뒀지요. 그러니까 대학 졸업식을 이렇게 가까이에서 보는 것도 오늘이 처음이네요."

스티브는 솔직하게 자신의 이야기를 꺼냈다. 스티브는 자신의 이야기를 하나라도 놓칠세라 귀 기울여 듣고 있는 졸업생들의 모습이 삼십여 년 전 애플을 설립할 당시의 자신과 닮았다고 생각했다.

컴퓨터 공학을 공부한 스티브 워즈니악과 함께 애플 컴퓨터 회사를 세울 당시, 스티브는 스무 살의 청년이었다. 그때 스티브에게는 컴퓨터에 대한 열정과 자신에 대한 믿음 말고는 아무것도 없었다. 컴퓨터 부품을 살 돈이 없어 발로 뛰어다니며 투자자를 찾아다녀야 했다. 하지만 문제에 정면으로 부딪쳐 스스로 해결책을 찾았던 스티브는 두둑한 배짱 하나로 애플을 최고의 컴퓨터 회사로 만들었다.

"인생에서 진정한 만족을 얻으려면 여러분 스스로 가치 있다고 믿는 일을 해야 합니다. 그러기 위해서는 현재에 머물지 않고 끊임없이 새로운 것을 찾아야 합니다."

스티브는 더 가치 있는 일을 하기 위해서 세상에 눈을 돌렸다. 컴퓨터를 통해 세상을 바꾸고 싶었던 그는 넥스트와 픽사를 설립했고, 픽사는 세계 최초의 컴퓨터 애니메이션 영화 《토이 스토리》를 만들어 냈다. 그 뒤로 스티브의 관심은 문화계 전반으로 뻗어 나갔다. 지금 전 세계 젊은이들이 열광하고 있는 아이폰과 아이팟, 그리고 거대한 오프라인 음악 시장인 아이튠즈 뮤직 스토어 역시 그의 작품이었다.

"이 모든 일은 어릴 적 읽었던 〈지구백과〉라는 책에서 영감을 얻은 것입니다."

〈지구백과〉는 폴라로이드 사진과 타자기로 만들어진 작은 책이었다. 하지만 그 안에는 지구에 관한 모든 것이 실려 있었다. 스티브가 말을 이었다.

"그 책의 뒤표지에는 이런 글이 적혀 있었습니다. '늘 배고파해라! 늘 어리석어라!' 저는 제 자신에게 늘 이 말을 들려주곤 합니다. 그리고 이제 새로운 시작을 앞둔 여러분에게도 이 말을 해

주고 싶습니다. '늘 배고파 해라! 늘 어리석어라!'"

 스티브는 졸업생들에게 감사 인사를 전하며 말을 마쳤다. 졸업생들은 스티브의 강연에 열렬한 환호를 보냈다.

 졸업식이 끝난 뒤 스티브는 수많은 사람들을 헤치고 주차장으로 향했다. 그때 한 무리의 학생들이 황급히 스티브를 쫓아왔다.

 "스티브, 저희와 사진 한 장 찍어 주실 수 있나요?"

 스티브는 기쁜 마음으로 학생들과 어울려 포즈를 취했다. 사진 촬영을 마치자 금발의 남학생이 스티브에게 말했다.

 "스티브, 그동안 당신이 살아왔던 이야기를 듣고 싶어요."

 "지금 이곳에서요?"

 스티브는 빙긋 웃으며 학생들을 바라보았다. 학생들은 스티브를 햇볕이 잘 드는 따스한 자리로 안내했다. 스티브는 나이 어린 학생들과 둥글게 마주 앉았다. 그리고 수만 가지 꿈을 꾸고 있을 학생들에게 기쁨과 슬픔, 인내와 노력이 담긴 자신의 이야기를 차분하게 들려주기 시작했다.

나를 찾아라!

나는 1955년 2월, 미국 캘리포니아 주에 있는
샌프란시스코에서 태어났어요.
나는 세상에 태어나자마자 나를 길러 줄 부모님을
기다려야 했지요. 나를 낳아 주신 어머니는
나를 기를 만한 형편이 아니었어요.
나는 꽤나 괴팍한 성격을 가지고
또 지독하리만큼 나를 먼저 챙겼지요.
그런 성격 탓에 친구도 제대로 사귈 수 없었어요.
지금 와서 생각해 보면 세상에 태어나
가장 먼저 느꼈던 외로움이 무의식중에
나를 그렇게 만든 것 같아요.
아무튼 주위에 있는 사람들에게 내가
나쁜 아이였던 건 확실하지요.

마음의 문을 닫은 아이

스티브는 집 앞에 혼자 앉아 있었다. 멀리 또래 아이들이 뛰어노는 모습이 보였다. 무슨 놀이를 하는지 아이들은 모두 신이 나 있었다.

"흥! 시시하고 유치해!"

스티브는 콧방귀를 뀌었다. 또래 아이들에게는 관심도 없는 듯 보였다. 하지만 스티브에게 관심이 없기는 또래 아이들도 마찬가지였다. 스티브에게 말을 걸거나 눈길조차 주는 아이도 없었다.

스티브는 자신밖에 모르는 고집 센 아이였다. 무슨 일이든지 자기가 나서서 하려고 했고, 무조건 이기고 싶어 했다. 스티브에게 있어 다른 사람에 대한 배려란 습득하지 못한 단어처럼 낯선 것이었다. 상황이 이러하자 아이들은 자연스럽게 스티브의 곁에서 멀어져 갔다. 스티브 또한 아이들과 친구가 되려고 노력하지 않았다. 친구를 사귀게 되어 자기 이야기를 솔직하게 털어놓으면 친구들로부터 놀림을 받게 될 거라고 생각했다.

"친구 따위는 필요 없어. 나한테는 자전거랑 텔레비전이 있으니까."

스티브는 자전거 타기와 텔레비전 보는 것을 좋아했다. 온몸에 바람을 맞으며 자전거를 타다 보면 시간 가는 줄 몰랐다. 텔레비전 보기도 마찬가지였다. 조그마한 네모 상자는 친구가 없는 스티브에게 유일한 벗이 되어 주었다.

미혼모의 아이이자 입양아라는 자신의 처지를 누구보다도 잘 알고 있었던 스티브는 자신의 비밀을 다른 사람들에게 들켜서 놀림을 받느니 차라리 외롭더라도 혼자인 쪽을 택했다.

스티브를 낳아 준 어머니는 당시 대학원에서 공부를 하는 학생이었다. 스티브의 아버지는 시리아계 청년이었다. 두 사람은 서로 열렬히 사랑했지만, 아이가 생기면서 깊은 시름에 빠졌다. 스티브가 태어나던 그 무렵에는 결혼하지 않은 여자가 혼자서 아이를 낳아 키울 수 없었다. 그들이 아이를 낳아 키우려면 결혼을 해야 했는데 두 사람은 그럴 형편이 되지 못했다. 결국 스티브의 어머니는 갓 태어난 스티브를 다른 집에 보내기로 결정했다. 마침 십 년 동안 아이가 없어 애를 태우던 폴 잡스 부부는 스티브를 보자마자 입양하기로 결심했다.

"무슨 일이 있어도 대학 교육만은 꼭 시켜 주세요!"

스티브의 친어머니는 폴 잡스 부부에게 스티브가 꼭 대학 교육을 받을 수 있게 해 달라고 부탁했다. 폴 잡스 부부는 수준 높은 교육을 받은 사람들은 아니었지만, 아이가 가진 재능을 알아보고 그것을 배려해 줄 수 있는 마음을 가진 사람들이었다. 스티브는 폴 잡스 부부의 슬하에서 극진한 사랑을 받으며 자랐지만, 자신이 미혼모의 아이이자 입양아라는 사실에서 벗어나지 못했다.

'누구에게도 절대로 질 수 없어. 나는 무엇을 하든 꼭 이기고 말 거야.'

스티브는 자전거에 올라 페달을 힘차게 밟았다. 바람이 온몸을 시원하게 감쌌다. 머리가 맑아지는 기분이었다. 사실 미혼모의 아이라고, 입양아라고 손가락질하는 사람은 아무도 없었는데, 스티브는 스스로 마음의 문을 꽁꽁 닫아걸고 있었다.

기계를 좋아했던 외톨이

　마음속에 혼자만의 상처를 간직하고 있던 스티브는 집 안에서 새로운 친구를 발견했다. 그것은 바로 기계였다.

　기계는 말이 없었다. 그러니 굳이 스티브의 상처를 드러내 보일 필요가 없었다. 그러면서도 기계는 살아 있는 듯 정해진 부품을 제자리에 끼워 맞추면 스티브가 원하는 대로 움직였다. 기계

는 똑같은 것이 하나도 없었다. 알면 알수록 신기하고 재미있었다. 스티브는 더 많은 기계와 친구가 되고 싶었다.

여섯 살 무렵부터 스티브는 집 안을 휘젓고 다니며 기계란 기계는 모두 뜯어냈다. 그리고 다시 조립을 했다. 하지만 뜯어낸 기계를 완벽하게 조립하기에는 스티브의 나이가 너무 어렸다.

"스티브, 기계가 또 고장이 났잖니! 얼른 청소하고 나가야 하는

데 청소기를 또 고장 냈으니 어쩌면 좋아."

엄마는 스티브를 보며 날마다 한숨을 내쉬었다. 보다 못해 아빠가 나섰다. 아빠는 자동차와 기계를 수리하는 해안 경비대 출신이었기 때문에 기계에 열광하는 스티브의 마음을 누구보다 잘 헤아렸다.

"스티브, 아빠의 차고에 같이 가 볼래?"

아빠는 일을 하러 나갈 때를 빼고는 줄곧 차고에서 시간을 보냈다. 하지만 아빠가 차고에서 무엇을 하는지 스티브는 알지 못했다. 그때까지 스티브는 아빠의 차고에 단 한 번도 가 본 적이 없었다.

처음으로 아빠의 비밀 차고에 들어선 순간, 스티브는 놀란 가슴을 진정시킬 수 없었다. 아빠의 비밀 차고에는 온갖 기계의 부품과 공구들로 가득했다. 그리고 새로운 기계를 조립해 만들 수 있는 작업대까지 갖춰져 있었다.

"정말 멋져요!"

스티브가 눈을 반짝였다.

"아빠가 군인이었을 때 무슨 일을 했는지 아니?"

아빠가 물었다.

스티브는 눈만 깜빡거렸다. 아빠가 다시 말을 이었다.

"아빠는 자동차와 기계를 정비하는 해안 경비대에 있었단다. 덕분에 웬만한 자동차나 기계는 다 만질 줄 알지."

아빠는 이미 동네에서 이름난 기술자였다. 이웃 사람들은 자동차나 기계가 고장 나면 아빠를 찾아왔다. 그래서 아빠의 비밀 차고에는 아직 수리 중인 기계도 여럿 있었다. 비밀 차고를 둘러보며 스티브의 가슴은 벅차올랐다. 자신도 아빠처럼 능숙하게 기계를 조립하고 만들고 싶었다.

"아빠, 저도 기계를 만지고 싶어요."

스티브가 아빠를 올려다보며 소리쳤다. 아빠는 스티브를 향해 부드럽게 미소를 지었다.

"기계를 망가뜨리는 건 진짜 기술자가 할 일이 아니란다. 진짜 기술자는 망가진 기계도 새것처럼 살릴 줄 알아야 해. 죽어 있는 기계에 생명력을 불어넣는 작업, 그게 진짜 기술자가 할 일이지."

스티브는 아빠의 말을 가슴 깊이 새겼다. 아빠는 차고 안에 스티브에게 맞는 작은 작업대를 만들어 주었다.

"앞으로 기계를 만지고 싶으면 언제든지 이곳에 와도 좋아."

"와, 신난다!"

스티브는 날아갈 듯 기뻤다.

"대신 기계를 살리는 작업을 해야 한다. 약속할 수 있겠니?"

스티브는 있는 힘껏 고개를 끄덕였다.

그렇게 스티브는 날마다 새로운 물건을 찾아 부수고 조립하는 일을 되풀이하면서 자신이 몰랐던 사실을 하나씩 알아가기 시작했다.

스티브는 친구가 아닌 기계와 함께하는 나날이 너무나 좋았다. 하지만 시간은 머물러 주지 않았다. 어느새 스티브가 초등학교에 들어갈 나이가 되었다.

스티브는 초등학생이 되는 것이 그리 좋지 않았다. 아무래도 학교에 다니면 차고의 작업대에서 보낼 수 있는 시간이 줄어들 것 같았기 때문이다.

"학교에 가면 친구도 많이 사귈 수 있고, 새로운 것도 많이 배울 수 있단다."

입학식 날 아침, 엄마는 스티브에게 새 옷을 입혀 주며 차분한 목소리로 말했다. 스티브는 새로운 것을 배울 수 있다는 말에 가슴이 뛰었다. 차고의 작업대에서 느꼈던 새로움을 학교에서도 누릴 수 있기를 기대했다. 하지만 학교는 엄마의 말과는 달랐다.

학교는 스티브의 관심을 전혀 끌지 못했다. 또래 친구들은 여전히 시시하거나 유치했고, 수업 시간은 조금도 새롭지 않았다. 스티브는 수업 시간 내내 온몸을 배배 꼬거나 걸핏하면 자리를 벗어나 다른 것에 집중하기 일쑤였다.

학교에서 스티브는 산만한 말썽쟁이가 되어 버렸다. 두말할 것도 없이 스티브의 성적은 바닥이었고, 스티브 곁에는 친구가 한 명도 없었다.

공부도 재미있는걸!

새 학년에 올라가도 스티브는 여전히 숙제에 손도 대지 않았다. 자기중심적으로 행동하고 언제나 자기 생각이 최고라며 우겼다. 아이들은 물론 선생님들조차 스티브라면 혀를 내두를 정도였다. 학교에서 스티브에게 관심을 갖는 사람은 아무도 없었다. 스티브는 하루하루 시간 때우듯 학교에 다녔다. 학교는 스티브에게 아무런 의미가 없었다.

그럴 즈음 스티브 앞에 테디 힐 선생님이 나타났다. 테디 힐 선생님은 스티브의 4학년 담임이었다. 자신이 맡은 반에 스티브 같은 문제아가 있으면 속이 썩을 일이었지만 테디 힐 선생님은 여느 선생님들처럼 스티브를 나무라거나 꾸짖지 않았다. 그저 스티

브의 유난스러운 행동을 묵묵히 바라보았다.

그러던 어느 날, 테디 힐 선생님이 스티브를 불렀다. 스티브는 갑작스러운 선생님의 부름이 못마땅했다. 하지만 예상과는 달리 선생님은 스티브에게 부드럽게 말했다.

"수업 시간에 보니까 스티브는 수학에 관심이 꽤 많은 것 같더구나."

스티브는 아무 말도 하지 않았다. 테디 힐 선생님은 스티브 앞에 두툼한 수학책 한 권을 내밀었다.

"상급반 수학 문제집이야. 한번 풀어 볼래?"

스티브는 테디 힐 선생님의 마음을 알 수 없었다. 스티브는 두 눈을 끔벅거리며 선생님을 바라보았다. 선생님이 다시 말했다.

"네가 이걸 다 푼다면 5달러와 막대 사탕을 선물로 줄게."

순간 스티브의 눈이 번쩍 빛났다. 스티브의 승부욕이 발동한 것이다. 선생님의 입꼬리가 슬며시 올라갔다.

테디 힐 선생님은 며칠 동안 스티브를 관찰하면서 스티브에게 남다른 능력이 있음을 파악했다. 만약 자신의 판단이 맞는다면 스티브의 행동은 상당히 바뀔 수 있을 것이라고 생각했다.

스티브는 선생님이 건네 준 수학책을 안고 집으로 돌아왔다. 그리고는 곧장 자기 방으로 들어갔다.

"한번 풀어 보겠어."

스티브는 두툼한 수학책을 펼쳤다. 문제는 쉽지 않았다. 하지만 스티브 또한 쉽게 물러서지 않았다. 5달러와 막대 사탕 때문이 아니라 무엇이든 이겨야만 직성이 풀리는 성격 탓이었다.

상급반의 수학 문제를 푸는 동안, 스티브는 차고의 작업대를 잊고 지냈다. 스티브는 그제야 세상에 기계만큼이나 자신을 빠져들게 할 수 있는, 무엇인가가 있다는 사실을 깨달았다.

며칠 뒤 스티브는 테디 힐 선생님에게 두툼한 수학책을 자랑스럽게 내밀었다.

"네가 해낼 줄 알았어."

테디 힐 선생님은 활짝 웃으며 스티브에게 5달러와 막대 사탕을 건넸다. 그리고 스티브에게 또 다른 과제를 내주었다. 스티브는 테디 힐 선생님이 주는 과제가 싫지 않았다. 지금까지 시시하고 하찮게 느껴졌던 공부가 신기할 만큼 재미있었다.

테디 힐 선생님을 만난 지 한 달 만에 스티브는 말썽쟁이 문제아에서 우등생으로 거듭났다. 4학년을 마칠 때까지 스티브는 테디 힐 선생님과 함께 상급반 수업을 진행했다. 4학년을 마칠 무렵, 테디 힐 선생님은 스티브의 부모님을 찾아갔다.

"스티브가 무슨 말썽이라도 부렸나요?"

엄마가 선생님에게 조심스레 물었다. 선생님은 싱긋 웃으며 말했다.

"스티브는 아주 영특합니다. 동급생들하고는 달라요. 그래서 스티브를 고등학교로 진학 시켰으면 합니다."

초등학교 5학년이 되어야 할 스티브를 중학교도 아닌 고등학교로 보내자는 말에 스티브의 부모님은 몹시 당황스러웠다.

스티브를 평범하게 키우고 싶었던 부모님은 테디 힐 선생님의 제안이 달갑지 않았다. 하지만 테디 힐 선생님 또한 쉽게 물러날 기색이 없었다. 결국 테디 힐 선생님과 부모님은 논의 끝에 스티브를 다른 아이들보다 일찍 중학교에 진학시키는 것으로 결론지었다.

나를 위한 선택

스티브는 집 근처에 있는 크리튼던 중학교에 다니게 되었다. 그러나 크리튼던 중학교는 한창 공부의 재미에 빠져 있던 스티브에게 찬물을 끼얹었다.

크리튼던 중학교는 마운틴뷰 근처의 가난한 지역에 위치해 있었는데 학교에 다니는 대부분의 학생들은 가난하게 살고 있었고, 초등학교에 입학할 당시의 스티브처럼 제멋대로였다. 아무도 공부에 관심을 보이지 않았다. 그리고 스티브를 나이가 어리다고 무시하고 스티브의 능력을 제대로 알아보지 못했다. 그러기는 선생님도 마찬가지였다. 스티브는 다시 테디 힐 선생님을 만나기 전 시절로 돌아간 기분이었다. 크리튼던 중학교에 있다가는 이전보다 더욱 심각한 문제 청소년이 될 것 같았다.

"내가 이대로 물러선다면 테디 힐 선생님이 굉장히 실망하실 거야."

스티브는 테디 힐 선생님을 떠올리며 마음을 다잡았다. 그리고 무슨 일이 있어도 자신을 대학교까지 보내 달라고 부탁했던 친엄마를 생각했다.

"나를 버리기는 했지만 나를 사랑했던 게 분명해."

스티브는 자신을 헌신적으로 보살펴 주는 양부모님의 정성과 사랑을 생각해서라도 자신이 이대로 주저앉을 수는 없다고 생각했다.

스티브는 학교를 오가며 늘 깊은 생각에 잠겼다. 앞으로 어떻게 지내야 할지 미래에 대해 진지하게 고민했다.

"내가 잘할 수 있는 일은 기계를 만지는 것밖에 없어. 하지만 기계를 살리는 진짜 기술자가 되려면 공부도 필요해."

스티브는 자기 자신을 위해 결단을 내려야 했다. 그러기 위해서는 부모님의 허락이 필요했다.

그날 저녁 스티브는 부모님 앞에 공손히 앉아 말문을 열었다.

"전학을 가야겠어요."

스티브는 대뜸 결론부터 말했다. 부모님의 눈이 휘둥그레졌다.

"전학을 가려면 이사부터 해야 하는데 지금 당장 이사를 하기에는……."

부모님은 곤란한 표정을 지었다. 언제나 스티브의 편에서 스티브가 하고자 하는 일을 응원했던 부모님이었지만, 전학과 이사 문제는 만만한 것이 아니었다. 당장 아버지가 일하는 일터부터 옮겨야 했다. 스티브가 다시 입을 열었다.

"곤란하다는 건 저도 알아요. 하지만 학교를 옮기지 않으면 저는 공부를 그만둬야 할지도 몰라요. 단 하루도 이 학교는 못 다니겠어요."

스티브는 단호했다. 부모님은 스티브의 결심을 바꾸지 못하리라는 사실을 단박에 알아차렸다. 그리고 스티브의 부모님 또한 스티브가 문제 청소년이 되는 것을 원하지 않았다. 결국 스티브의 부모님은 로스앨터스로 집을 옮기고, 스티브를 쿠퍼티노 중학교로 전학을 시켰다.

스티브 잡스 아저씨의 성공법칙 ❶
끈기 있게 자아 찾기

　스티브의 어린 시절을 살펴보면 그가 얼마나 고집이 세고, 자기중심적이었는지 알 수 있습니다. 그는 친구보다 기계를 더 사랑했고, 학교 수업보다 혼자서 기계와 부품을 해체하고 조립하는 것에 더 열중했으니까요. 그가 친구들과 친하게 지내지 않고, 혼자서 더 많은 시간을 보냈던 것은 출생에 대한 아픔 때문이었습니다.

　미혼모의 아이로 태어나 폴 잡스 부부에게 입양되었다는 사실은 스티브에게 상처가 되었지만, 이 상처로 인해 스티브는 자기 자신에 대한 고민을 자주 했습니다. '나는 누구인가?'라는 질문을 스스로에게 끊임없이 던지며 자신의 정체성에 대해서 숱하게 생각했던 것이지요. 그 시간이 길었던 만큼 그는 자기 자신에 대해서 누구보다도 빨리 깨달을 수 있었습니다. 스티브는 자신이 좋아하는 것을 찾아내 그것을 이루기 위해 끝까지 고집을 부렸습니다. 그리고 결국에는 자신이 원하는 것을 모두 이루어 냈습니다.

　여러분 각자는 앞으로 자신에게 펼쳐질 시간을 채워 갈 소중한 사람입니다. 따라서 나를 제대로 아는 것은 매우 중요합니다. 그런데 과연 여러분들은 자기 자신에 대해서 얼마나 알고 있을까요?

　인도의 철학자 크리슈나무르티는 "자신에 대한 앎에는 끝이 없다. 당신은 끝에 도달할 수 없으며 결론에 도달할 수도 없다. 그것은 끝이 없는

강이다."라고 말했습니다. 무슨 뜻일까요? 크리슈나무르티는 '인류의 스승'이라고 불릴 만큼 위대한 철학자로 꼽힙니다. 그런 사람이 자신에 대한 탐구는 해도 해도 끝이 없고, 결론 또한 낼 수 없다고 말했습니다. 그만큼 자신에 대한 탐구는 힘들고 어려운 일이라는 뜻이겠지요. 하지만 크리슈나무르티의 말 속에는 자신에 대해 끝없이 알아가야 한다는 무언의 속삭임이 담겨 있습니다.

자기 자신을 알고 싶다면 먼저 자신의 장점을 생각해 보세요. 그리고 평소에 관심이 있었던 분야와 취미를 살려 할 수 있는 일을 인터넷이나 책을 통해 찾아보세요. 그러면 여러분의 꿈을 위해 앞으로 어떤 일을 해야 하는지 구체적인 계획을 세울 수 있을 것입니다.

자신의 목표를 세우고 그것을 이루기 위해 구체적으로 계획하는 것은 자신의 인생을 성공으로 이끌 수 있는 발판이 됩니다. 힘들고 어려워도 자기 자신을 정확히 알고 앞으로의 일을 계획한다면 성공할 수 있지요. 스티브가 어렸을 때 그랬던 것처럼 여러분 또한 자신에 대한 탐구를 게을리하지 않기를 바랍니다.

마음을 사로잡는
일을 해라!

나는 운이 좋은 아이였어요.
나의 아버지는 여러 가지 기계를
다룰 줄 아는 기술자였거든요.
주위에는 온통 전자 기계와
관련된 사람들이 넘쳐 났지요.
덕분에 나는 남들보다 일찍 컴퓨터를 알게 되었어요.
워낙 기계에 관심이 많았던 나에게 컴퓨터는
충격 그 자체였어요.
나는 컴퓨터에 빠져들 수밖에 없었어요.
어렸을 때 나를 둘러싼 모든 환경이
지금의 나를 만든 거라고 생각해요.

랭 아저씨의 한 마디

로스앨터스로 이사 오기 전까지 스티브가 살았던 마운틴뷰는 미국에서 가장 커다란 컴퓨터 제조업체가 시작된 곳이었다. 덕분에 마운틴뷰 근처에는 미국의 정보 벤처 기업들이 줄줄이 들어섰고 그 근처에는 전자 관련 기술자들이 많이 살게 되었다. 스티브의 아빠가 그랬던 것처럼 그들은 차고에 작업대를 만들어 수시로 전자 기기를 만지곤 했다.

스티브는 주말이면 이웃집 차고를 돌며 시간을 보냈다. 이웃의 기술자들은 대부분 컴퓨터 제조업체에서 일하는 컴퓨터 관련 전문가였다. 스티브는 또래 친구들을 사귀지 못하는 고집불통 외톨이였지만 나이 많은 기술자들과는 잘 지냈다. 스티브는 그들을 통해 컴퓨터와 전자 기기에 대한 궁금증을 해결했다. 그들 또한 나이 어린 스티브가 전자 기기 방면에 탁월한 재능이 있다는 사실을 일찌감치 알아차렸다.

그날도 스티브는 아침을 먹자마자 집을 나섰다. 그리고 이웃에 사는 랭 아저씨의 차고를 찾았다. 랭 아저씨는 컴퓨터 제조업체에서 전문 기술자로 일하고 있었다.

"아저씨, 저 왔어요."

스티브가 경쾌한 소리로 인사했다. 막 작업을 시작하려던 랭

아저씨는 스티브를 향해 손을 흔들었다.

"오늘은 뭘 만드실 거예요?"

"이미 나와 있는 전자 부품을 이용해서 완전히 다른 물건을 만들어 보려고 한단다."

랭 아저씨의 말에 스티브는 커다란 충격을 받았다. 그때까지 스티브는 특정한 부품은 해당 전자 기기에만 사용하는 것이라 생각했기 때문이다. 스티브는 하루 종일 랭 아저씨의 작업을 지켜

보았다. 랭 아저씨는 스티브에게 전자 부품의 원리에 대해 꼼꼼하게 설명해 주었다. 스티브는 부품이 가지고 있는 기본 원리를 잘 활용한다면 전혀 다른 전자 기기도 만들어 낼 수 있다는 사실을 비로소 깨달았다.

"결국 물건이라는 것은 다 사람이 만드는 거란다. 사람의 머리와 기술력을 합한다면 못 만들 것이 없지."

랭 아저씨가 친절하게 덧붙였다. 스티브는 랭 아저씨의 말을 다시 한 번 되뇌었다. 그리고 마운틴뷰를 떠나더라도 랭 아저씨의 말은 기억하리라 다짐했다. 전자 제품에 대한 꿈이 가슴속에 새겨지는 순간이었다.

빌 휴렛과 통화하다

쿠퍼티노 중학교로 전학을 와서도 스티브의 기계에 대한 관심은 사그라질 줄 몰랐다. 다행히 쿠퍼티노 중학교가 있는 로스앨터스도 전자 관련 기술자들의 집합소와 다름이 없었다. 미국 항공 우주국이 있는 탓이었다.

미국 항공 우주국에서는 우주 개발을 위한 연구가 한창이었다. 때문에 이와 관련된 전자 부품의 개발 및 제조가 어느 곳보다 절실히 필요했다. 로스앨터스 인근에는 우주 개발을 위한 갖가지

전자 부품과 전자 회로를 제작하는 회사들이 생겨났다. 자연스럽게 전자 기술자들도 로스앨터스로 모여들었다. 마운틴뷰에서처럼 전자 기술자들은 집집마다 차고를 개조해 멋진 작업대를 만들어 놓았다.

스티브는 랭 아저씨의 말을 떠올렸다. 자신도 랭 아저씨처럼 전자 부품을 이용해서 새로운 기기를 만들고 싶었다. 마음속에서 하고 싶은 것이 떠오르면 스티브는 일분일초도 참지 못했다.

스티브는 부리나케 차고로 달려갔다. 그리고 머릿속에 그린 대로 부품들을 모아 조립해 나갔다. 열세 살의 스티브가 만들고 싶은 것은 '주파수 카운터'였다. 주파수 카운터를 제대로 만들기만 한다면 전자 기기 안에서 전파나 음파가 1초 동안 몇 번이나 뛰는지 쉽게 알 수 있었다. 한참 동안 작업에 열중하던 스티브는 큰 문제점을 발견했다. 주파수 카운터를 만드는 데 꼭 필요한 부품이 없었던 것이다.

"어떻게 하지? 주파수 카운터를 꼭 완성하고 싶은데……."

스티브의 고민은 길지 않았다. 스티브는 부랴부랴 차고를 나와 집으로 뛰어갔다. 그리고는 전화번호부를 뒤져 어디론가 전화를 걸었다.

"여보세요."

중년의 남자가 전화를 받았다. 스티브는 조금도 주저하지 않고 말했다.

"저는 로스앨터스에 사는 스티브 잡스라고 합니다. 지금 주파수 카운터를 만들고 있는데 부품이 부족해서요. 저에게 부품을 보내 주실 수 있나요?"

중년의 남자는 껄껄 웃었다. 그러고는 스티브에게 물었다.

"내가 누군지 알고 전화한 거니?"

"물론이에요. 전화번호부에서 일부러 찾아서 거는 거예요. 휴렛팩커드의 사장 빌 휴렛 씨잖아요. 당신은 엄청나게 큰 회사의 사장이니까 저의 부탁을 들어줄 거라고 생각했어요. 맞지요?"

스티브는 거침이 없었다. 당시 휴렛팩커드는 미국의 전자 관련 업계 가운데 선두를 달리고 있는 회사였고, 빌 휴렛은 그곳의 대표였다. 스티브는 자신에게 필요한 일을 가장 빨리 해결해 줄 수 있는 곳을 직접 찾아 나섰던 것이다.

"지금 몇 살인가?"

빌 휴렛이 물었다.

"열세 살입니다."

스티브가 대답했다. 빌 휴렛은 열세 살짜리 소년의 대범함에 다시 한 번 놀라 스티브의 청에 선뜻 응했다.

"필요한 부품은 바로 보내 주지."

빌 휴렛은 스티브에게 약속했다. 그리고 덧붙여 말했다.

"혹시 우리 회사에서 아르바이트를 할 생각 없나?"

스티브는 빌 휴렛의 제안을 마다할 이유가 없었다. 스티브는 당장 휴렛팩커드를 방문했다. 비록 조립 과정에서 나사를 박는 단순한 일을 하게 되었지만, 휴렛팩커드라는 업계 최고의 회사에서 컴퓨터의 제조 과정을 직접 접할 수 있었던 것은 스티브의 꿈을 한층 크게 키워 주는 계기가 되었다.

동양 사상에 빠지다

중학교와 고등학교를 거치면서 스티브에게도 사춘기가 찾아왔다. 스티브의 사춘기는 다른 아이들보다 혹독했다.

"나의 친부모는 누구일까? 어떤 환경에서 자라 온 사람들일까? 지금 어디에서 무얼 하고 있을까?"

친부모에 대한 궁금증은 자신에 대한 물음으로 이어졌다.

'나는 누구인가? 지금 어디로 가고 있는가? 내가 가고 있는 길이 옳은 것인가?'

스티브는 그런 질문들에 대한 정답을 알 수 없었다. 하지만 스스로 답을 찾고 싶었다. 스티브는 자신이 그토록 좋아하는 기계에도 집중할 수가 없어서 집과 학교 밖으로 시선을 돌렸다.

그즈음 미국에서는 젊은이들을 중심으로 히피 문화가 번지고

있었다. 히피 문화는 자유로운 생활 양식을 추구하는 성향이 강해 미국의 많은 젊은이들이 따르고 있었다. 스티브는 차고의 작업대를 박차고 거리로 나갔다. 그곳에서 스티브는 온몸으로 자유를 배웠다. 스티브는 머리를 길러 치렁치렁하게 늘어뜨렸다. 그리고 하루 종일 끼고 살았던 전자 기술 관련 책을 내려놓고 문학책을 집어 들었다. 스티브는 자신이 정말 미치도록 좋아할 만한 것을 찾고 싶었다. 그것이 꼭 기계가 아니어도 상관없을 것 같았다. 스티브는 여자 친구도 사귀고, 술과 담배도 배웠다. 기계와는 전혀 다른 새로운 세상이었다. 하지만 스티브의 가슴은 뛰지 않았다.

"뭔가 비어 있는 기분이야. 가슴을 꽉 채워 줄 만한 것을 찾고 싶은데……."

스티브는 더 새로운 것을 찾아 헤맸다. 그러다가 동양 사상을 접했다. 인도를 중심으로 아시아 지역에 퍼져 있던 동양 사상은 인간에 대해 끊임없이 탐구하는 학문이었다. 자기 자신에게 관심이 많았던 스티브는 자연스럽게 동양 사상에 빠져들었다. 스티브의 부모님은 이런 스티브가 걱정이 되었다.

"스티브, 이제 대학을 결정해야 할 중요한 시기야."

아빠가 스티브에게 말했다.

"알고 있어요."

스티브가 덤덤하게 대답했다. 아빠는 애가 탔다.

"그런데 자꾸 엉뚱한 사상에 관심을 가지니 걱정스럽구나."
"엉뚱한 사상이 아니에요. 저는 대학에서도 동양 사상을 공부

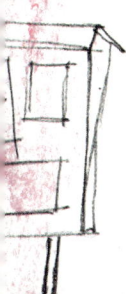

하고 싶어요."

스티브의 목소리는 단호했다. 아빠는 당황스러웠다. 잠시 한눈을 파는 것이라 생각했는데 그게 아니었다.

"동양 사상을 공부하려면 리드 대학을 가야 할 텐데……."

"네, 저는 리드 대학에서 동양 사상을 공부하겠어요."

스티브는 이미 마음을 굳혔다. 아빠는 곤란한 기색을 감추지 못했다.

"리드 대학은 집에서 다니기엔 너무 먼 것 같구나."

게다가 리드 대학의 교육비는 꽤 비싼 편이었다. 스티브의 부모님이 감당하기 어려울 정도였다. 스티브는 부모님의 걱정을 누구보다 잘 알고 있었다. 하지만 자신의 결정을 바꾸고 싶지는 않았다. 결국 스티브는 자신의 뜻대로 리드 대학에 들어갔다. 하지만 대학은 스티브가 생각했던 것과는 차이가 있었다.

"내가 원한 건 이런 게 아니야. 나는 좀 더 심도 있는 동양 사상을 연구하고 싶어."

스티브는 만족스럽지 않은 공부에 부모님이 땀 흘려 번 돈을 낭비하고 싶지 않았다. 스티브는 대학에 들어간 지 반년 만에 학교를 그만두었다. 그래도 동양 사상에 대한 공부는 계속하고 싶었다. 스티브는 2년 동안 학교 안의 기숙사에 남아 자신이 듣고 싶은 수업을 들으러 다녔고, 수시로 도서관을 들락거렸다. 그러면서 혼자만의 힘으로 동양 사상을 공부했다.

"직관, 직관이 중요하다고?"

동양 사상에서는 '직관'이 중요하게 다루어졌다. 하지만 직관이 무엇인지 도무지 알 수가 없었다. 스티브는 다시 직관에 대해 파고들었다.

"직관! 나의 경험이나 이성적인 판단에 의한 것이 아니라 알 수 없는 세계에서 전해 주는 감각, 그게 직관이야! 그런데 도대체 직관이라는 것이 왜 중요한 거지?"

스티브는 몇 날 며칠 같은 생각을 하며 무수히 많은 책을 읽어 나갔다. 그리고 결국 해답을 찾아냈다.

"직관은 가슴에서 나오는 거야. 내가 하고자 하는 것, 하고 싶은 것을 따르라는 거야. 내가 무엇을 하려고 하는지 가장 잘 아는 것은 바로 나 자신이니까."

비록 대학을 졸업하지는 못했지만 스티브는 소중한 가르침을 얻게 되었다. 자신의 가슴이 들려주는 소리에 귀를 기울이라는 것, 이 깨달음은 바로 스티브의 인생에 있어 커다란 지표가 되었다.

스티브 잡스 아저씨의 성공법칙❷
꿈과 목표 만들기

'가슴이 들려주는 소리'란 무엇일까요? 여러분들은 가슴이 들려주는 소리를 들어 본 적이 있나요?

스티브는 어렸을 때부터 자기 자신에 대한 탐구를 꾸준히 해 왔습니다. 이를 통해 자신은 기계를 무척이나 사랑한다는 것과 승부욕이 강하다는 사실을 깨달았지요. 하지만 사춘기를 겪으면서 스티브는 혼란에 빠졌습니다. 기계가 세상의 전부는 아니라는 사실을 알게 된 것이지요.

사람들은 '사춘기'라는 시기를 거치면서 많은 변화를 겪게 됩니다. 몸도 어른처럼 변하고 마음도 그만큼 크고 깊어집니다. 때문에 사춘기 시절에 우리는 크고 깊어진 마음을 알차게 채워 줘야 합니다. 그래야만 몸도 마음도 건강한 어른으로 자라날 수 있습니다. 그런데 마음을 채우는 일을 어떻게 해야 할까요?

스티브는 사춘기 시절에 무수히 많은 방황을 했습니다. 늘 잡고 있던 기계에서 손을 놓은 대신 문학책을 읽었고, 사회 문화 현상에도 관심을 가졌습니다. 그러면서도 스티브는 자신에 대한 탐구를 멈추지 않았습니다. 이런저런 것들을 직접 몸으로 체험하고 무섭게 책을 읽어 나가면서 자신이 원하는 것이 무엇인지 찾아내려 애를 썼습니다. 이러한 과정을 통해 스티브는 크고 깊어진 마음을 알차게 채울 수 있었습니다. 그리고 가슴이 들려주는 소리를 따라야 한다는 큰 깨우침을 얻게 되었지요.

가슴이 들려주는 소리란 자신이 간절히 원하는 무엇입니다. 그것을 우리는 꿈이라고 합니다. 그 꿈은 우리가 살아 나가는 데 단단한 버팀목이 될 뿐만 아니라, 우리가 나아가야 할 방향을 알려 주는 나침반 역할도 하지요.

　스페인의 철학자이자 작가인 발타자르 그라시안은 "꿈을 품어라. 꿈이 없는 사람은 아무런 생명도 없는 인형과 같다."라는 말을 했습니다. 인형이 무엇인가요? 인형은 스스로 움직일 수도 없고 생각할 수도 없는 무생물입니다. 그러니까 꿈이 없는 사람은 살아 있는 생명체라고 할 수 없다는 뜻이지요. 스티브는 수많은 방황 끝에 세상을 바꿀 만한 기계를 만들고 싶다는 구체적인 꿈을 갖게 됩니다. 그리고 그 꿈을 이루기 위해 끊임없이 노력합니다. 꿈은 반드시 이룰 수 있다고 믿는 사람의 몫입니다. 여러분도 자기만의 소중한 꿈을 찾아보세요. 그리고 그 꿈을 이루겠다는 굳은 결심을 가지고 끊임없이 노력하세요. 그러면 언젠가 여러분도 세상을 바꿀 만한 멋진 일을 하게 될 것입니다.

dream 꿈

세상에서 가장
소중한 친구

나는 내가 세상에서 제일 잘난 줄 알았어요.
미혼모의 아이, 입양아일지라도 내가 생각하고
판단한 대로만 하면 나는 무엇이든 이룰 수 있다고
생각했지요. 그만큼 나에게는 자신감이 있었거든요.
그런데 나의 자신감이 와장창 깨지는 순간이 찾아왔어요.
바로 '친구'를 만나던 그 순간이었어요.
그때 그 친구를 만나지 못했다면 지금의 나는
없었을지도 몰라요. 그 친구가 있었기 때문에
나는 걱정 없이 애플 컴퓨터를 시작할 수 있었어요.
그 친구는 나의 부족한 부분을 채워 주었고,
내가 꾸준히 앞으로 나갈 수 있도록 해 주었어요.

스티브, 스티브를 만나다

"스티브, 이것 좀 봐! 굉장하지?"

스티브의 이웃에 살고 있던 소년이 조그마한 회로기를 내보였다. 전자 기기에 사용되는 회로기는 회로를 어떻게 만드느냐에 따라 기기의 작동법이나 그 효과가 바뀌는 중요한 것이었다. 어려서부터 수많은 전자 기기를 접해 본 스티브는 처음 보는 낯선 회로기에 관심이 쏠렸다.

"웬 거야? 어디서 만들었어?"

"우리 앞집에 사는 형이 만들었어. 콜로라도 대학에서 전자 공학을 공부하는데 이런 거 진짜 잘 만든다. 천재야, 천재."

소년의 말은 사실이었다. 소년이 내민 회로기는 매우 섬세하고 꼼꼼했다. 스티브는 직접 그 형을 만나 보고 싶었다. 이웃집 소년은 스티브를 앞집 형의 차고 작업대로 데리고 갔다.

"형, 얘가 우리 학교에서 전자 기기를 가장 잘 다루는 녀석이에요."

소년이 앞집 형에게 스티브를 소개했다. 홀로 어두컴컴한 작업대에서 시커먼 기름때를 묻혀 가며 회로기를 만들고 있던 형이 스티브를 흘깃 바라보았다. 스티브가 앞으로 나서며 말했다.

"스티브 폴 잡스라고 해요."

"뭐, 스티브? 나도 스티븐데."

형이 스티브에게 관심을 보였다.

"나는 스티브 워즈니악이야. 콜로라도 대학에서 전자 공학을 공부하다가 지금은 그만뒀어."

워즈니악이 겸연쩍은 듯 웃었다.

"왜 그만뒀는데요?"

스티브가 물었다. 워즈니악은 다시 하던 일을 계속하며 입을 열었다.

"학교에서 장난을 좀 쳤거든. 대통령 선거 때 말이야. 학교 컴퓨터에 욕설을 좀 올렸더니 나가라고 하더라."

워즈니악은 대수롭지 않은 듯 말했다. 그러면서도 눈과 손은 작업에 몰두하고 있었다. 직감적으로 스티브는 워즈니악이 평범하지 않은 사람이라는 것을 느꼈다. 일단 워즈니악이 만든 회로기판도 마음에 들었고, 학교 컴퓨터에 욕설을 올렸다는 대범한 성격도 흥미로웠다.

"이 회로기는 지금까지 본 것 중에 최고예요."

스티브가 워즈니악에게 말을 걸었다. 워즈니악은 하던 일을 멈추고 스티브를 바라보았다.

"회로기를 자주 봤니?"

"그럼요. 여섯 살 때부터 아빠 작업대에서 매일 가지고 놀았어요. 형이 만든 건 지금까지 본 것과는 완전히 달라요."

워즈니악 또한 스티브가 범상치 않은 아이라는 것을 깨달았다.

"앞으로 자주 놀러 와라."

워즈니악은 다섯 살이나 어린 스티브에게 친절을 베풀었다. 전자 기기에 대한 두 사람의 열정 앞에 나이 차이는 걸림돌이 되지 않았다.

"그럼 진짜로 자주 올 거예요."

스티브가 워즈니악을 향해 손을 내밀었다. 워즈니악은 잡고 있던 공구를 잠시 내려놓고 스티브가 내미는 손을 굳게 잡았다.

세계적인 컴퓨터 회사 애플의 공동 창업자, 스티브 잡스와 스티브 워즈니악의 만남은 이렇게 시작되었다.

워즈는 만들고, 잡스는 팔고

워즈니악을 만나면서 스티브는 자꾸만 자신이 작아지는 느낌이 들었다. 전자 기기에 대해서라면 누구한테도 지지 않는다고 자부했지만, 자신이 알고 있는 것은 직접 뜯고 부수고 조립하는 데서 얻은 경험에 불과했다. 반면 워즈니악은 전자 공학에 대한 풍부한 경험과 지식을 바탕으로 새로운 회로판을 만들어 냈다.

"나도 전자 공학을 공부해야겠어."

워즈니악으로부터 자극을 받은 스티브는 고등학교에 들어가자마자 전자 공학 클럽에 가입했다.

전자 공학 클럽은 스티브처럼 전자 기기에 관심이 많은 학생들이 모여 전자 기기에 대해 토론하고 실험하는 곳이었다. 때문에 첨단 산업 기지에서 새롭게 만든 제품에 대한 모든 정보는 전자 공학 클럽에서 가장 먼저 알았다.

스티브와 워즈니악은 같은 클럽에서 활동하며 새로 나온 전자 기기에 열렬한 환호를 보냈다. 그리고 그것과 비슷한 기기를 재빠르게 만들어 내곤 했다. 특히 전자 기기에 대한 워즈니악의 열정은 스티브 이상이었다. 스티브가 히피 문화와 동양 사상에 빠져 있을 때에도 워즈니악은 끊임없이 전자 기기를 분해하고 조립하는 일에 몰두했다.

그럴 즈음 전자 공학 클럽 학생들 사이에서는 전신 전화 회사에 특정 주파수를 보내 공짜 전화를 거는 것이 유행처럼 번졌다. 스티브도 공짜 전화 걸기에 호기심이 생겼다.

"워즈니악, 우리도 한번 해 보자!"

"과연 그게 가능할까?"

워즈니악은 전신 전화 회사와 같은 큰 업체에서 하는 일을 나이 어린 소년들이 방해할 수 있을까 의심스러웠다.

"네가 만든다면 분명히 성공할 거야."

스티브는 워즈니악의 기술을 절대적으로 믿고 있었다. 워즈니악은 용기를 내어 한번 도전해 보기로 했다.

며칠이 지나지 않아 워즈니악은 공짜로 국제 전화를 걸 수 있는 주파수를 찾아냈다. 스티브는 워즈니악이 찾아낸 주파수를 이용해서 국제 전화를 걸어 보았다. 결과는 성공적이었다.

"우리 공짜 전화를 걸 수 있는 특별한 장치를 만들어 보자!"

스티브와 워즈니악은 차고의 작업대에서 며칠 밤낮을 함께 보

냈다. 그리고 드디어 공짜로 국제 전화를 걸 수 있는 장치를 만들어 냈다.

"진짜 굉장하지 않아? 우리가 만든 작은 기계가 전화 회사의 거대한 시설을 통제할 수 있다는 사실이 말이야."

스티브는 워즈니악과 만든 기계에 '블루 박스'라는 이름을 붙였다. 블루 박스를 아이들에게 선보이자 아이들도 큰 관심을 보였다. 돈을 주고 블루 박스를 사겠다는 아이도 있었다. 스티브는 신이 났다.

"우리가 만든 물건으로 돈을 벌 수 있다니……."

스티브는 아이들에게 블루 박스를 팔고 그 돈으로 다시 블루 박스를 만들 부품을 샀다. 부품 값은 40달러 정도였지만 블루 박스는 150달러에 팔려 나갔다. 아이들 사이에서 블루 박스의 인기는 대단했다. 스티브는 일반 사람들에게도 블루 박스를 팔아야겠다고 생각했다.

어느새 워즈니악은 만들고, 잡스는 판매를 하는 체계가 만들어졌다. 하지만 스티브와 워즈니악의 첫 번째 사업은 얼마 지나지 않아 커다란 위기를 맞았다.

스티브가 피자 가게 주차장에서 블루 박스를 팔고 있을 때였다. 누군가 스티브에게 총을 겨누었다. 스티브는 놀라 두 손을 번쩍 들었다. 그가 낮은 목소리로 말했다.

"이 기계를 만들어 파는 것은 불법이야. 사람들은 정당한 비용을 지불하고 전화를 걸어야 하는 거라고. 알겠니?"

스티브는 남아 있는 블루 박스를 모두 그에게 넘겨주고 집으로 돌아왔다. 상황을 알아보니 전신 전화 회사에서 블루 박스를 불법 기기로 신고한 것이었다. 스티브는 그제야 자신들의 행동이 잘못이라는 것을 깨달았다. 스티브는 정당한 방법으로 새로운 것을 만들어 판매해야겠다고 생각했다. 그리고 그 일의 중심에는 스티브 워즈니악이 함께해야 한다고 믿었다. 스티브의 마음속에서 워즈니악은 친구 그 이상의 존재로 깊이 자리하고 있었다.

둘만의 회사 '애플' 탄생

동양 사상에 빠져들면서 스티브는 가슴에 새로운 꿈을 담게 되었다. 바로 세상을 바꿀 만한 일을 하고 싶다는 것이었다. 스티브는 대학을 그만두고 취직을 할 때까지도 끊임없이 자신의 꿈을 생각했다.

"세상을 바꿀 만한 위대한 일, 나는 꼭 해내고 말 거야."

하지만 마음만 가지고 일을 벌일 수는 없었다. 언제 어디에서 어떻게 일을 시작할 것인지 확실한 준비가 필요했고, 그러려면 시간과 돈이 있어야 했다.

스티브는 조그마한 게임 회사에 취직을 했다. 부모님은 대학도 졸업하지 못한 스티브가 직장인이 되었다는 사실에 만족했다. 하지만 정작 스티브는 직장에 만족하지 못했다.

"세상을 바꿀 만한 위대한 일은 어디에 있을까?"

스티브의 관심은 오로지 '세상을 바꿀 만한 일'에 집중되어 있었다. 그럴 즈음 컴퓨터 잡지에 '얼테어 컴퓨터 키트'라는 것이 소개되었다. 얼테어 컴퓨터 키트는 자판이나 모니터가 없는 작은 컴퓨터를 말하는데, 이로 말미암아 전문가들은 가까운 시일 내에 개인용 컴퓨터가 보급될 것이라고 말했다.

"바로 이거야!"

기사를 접하는 순간 스티브는 무릎을 탁 쳤다. 당시만 하더라도 컴퓨터는 커다란 기업체와 관공서에서나 사용할 수 있는 귀한 전자 제품이었다.

잡지를 읽으며 스티브는 워즈니악을 떠올렸다.

"워즈니악이라면 이런 컴퓨터를 만들 수 있지 않을까?"

워즈니악은 빌 휴렛이 대표로 있는 휴렛팩커드의 기술자가 되어 바쁘게 지내고 있었다. 스티브는 잡지를 들고 워즈니악을 찾아갔다.

"요새 많이 바쁘지?"

스티브가 은근슬쩍 말을 건넸다. 워즈니악은 기다렸다는 듯이 회사 생활의 고단함을 하소연했다. 스티브는 이때다 싶어 말문을 열었다.

"그래서 말인데 우리끼리 사업을 해 보면 어떨까? 얼테어 컴퓨터 키트라고 들어 봤지?"

스티브는 워즈니악 앞에 잡지를 펼쳐 보였다.

"개인용 컴퓨터를 만들어 낸다면 우리는 금방 부자가 될 거야.

세상을 바꿀 만한 위대한 작업을 하게 되는 거라고."

워즈니악도 전자 기술에 있어서는 욕심이 많았다. 비록 안정적인 직장을 다니고 있었지만, 개인용 컴퓨터 이야기를 듣자 마음이 움직였다. 결국 워즈니악은 틈나는 대로 개인용 컴퓨터 개발에 필요한 회로기판을 연구하기 시작했다. 그리고 1975년 워즈니악은 컬러 모니터 화면이 연결되는 회로기판을 만들어 냈다.

"정말 굉장해. 만약에 이게 제품으로 나온다면 사람들은 텔레비전을 컴퓨터 모니터로 활용할 수 있을 거야."

스티브는 워즈니악의 개발품이 마음에 들었다.

"하지만 이걸 제품으로 만들려는 회사가 있을까?"

워즈니악이 물었다. 갑자기 스티브의 눈빛이 날카롭게 빛났다.

"텔레비전을 컴퓨터 모니터로 활용한다면 개인용 컴퓨터를 보급하는 데에도 유리하겠지?"

워즈니악은 스티브의 마음을 알 수 없었다. 그저 스티브를 바라볼 뿐이었다. 스티브가 워즈니악의 팔을 잡았다.

"우리가 회사를 직접 만들자!"

스티브가 눈을 번득이며 제안했다. 그즈음 워즈니악은 막 결혼을 해서 한 집안의 가장이 되어 있었다. 그리고 휴렛 팩커드는 전자 관련 기술자라면 누구나 들어가고 싶어 하는 훌륭한 직장이었다. 워즈니악은 고민스러웠다. 스티브도 워즈니악의 입장을 모르는 바 아니었지만 오래전부터 꿈꾸어 오던 것을 포기할 수는 없었다. 스티브는 열정적으로 워즈니악을 설득하기 시작했다.

"너의 뛰어난 기술력을 왜 회사를 위해서 쓰려고 하는 거야? 너는 너를 위해 너의 기술력을 쓸 자격이 있어. 너는 회사를 위해 일하는 것보다 너만의 회로기판을 만들 때 더 행복하잖아. 너의 행복을 위해서도 회사로부터 독립을 해야 해. 나도 열심히 노력할게."

스티브가 눈을 반짝였다. 워즈니악은 스티브가 믿음직스러웠다. 스티브는 자신이 하고자 하는 일은 무슨 일이 있어도 해내는 집념이 강한 사람이라는 것을 워즈니악은 잘 알고 있었다.

"좋아, 너를 믿을게."

워즈니악은 가족의 반대를 무릅쓰고 스티브와 함께 회사를 차렸다. 하지만 가진 돈이 없어 우선 스티브의 차고를 사무실로 쓰기로 했다. 스티브와 워즈니악은 공동 창업자이자 단 둘뿐인 직원이었다.

"이제 회사 이름을 정하자."

스티브는 되도록 간단하면서도 쉬운 이름을 짓고 싶었다. 누구나 기억할 수 있는 이름이면서 부르기도 쉬운 것이어야 했다. 마땅한 이름이 떠오르지 않았다. 머리가 지끈거리고 아파 오자 뭔가 상큼한 것이 먹고 싶었다.

"사과……."

순간 스티브의 직관이 움직였다. 스티브는 워즈니악을 향해 큰 소리로 외쳤다.

"애플 어때? 사과! 누구나 기억할 수 있는 쉬운 이름이잖아. 그러면서 뭔가 고상해 보이지 않아?"

워즈니악은 회로기판을 만드느라 정신이 없었다. 스티브는 '애플'이라는 이름이 마음에 들었다. 더 이상 고민할 필요도 없었다. 스티브는 워즈니악과 만든 회사에 '애플 컴퓨터'라는 이름을 붙였다.

1976년 4월 1일, 두 사람은 드디어 '애플 컴퓨터'의 시작을 알렸다. 애플 컴퓨터의 시작은 초라했지만, 누구보다 뜨거운 열정이 두 사람의 가슴속에 끓고 있었다.

스티브 잡스 아저씨의 성공법칙 ❸
든든한 친구 만들기

만약에 스티브 잡스가 스티브 워즈니악을 만나지 못했다면, 반대로 스티브 워즈니악이 스티브 잡스를 만나지 못했다면 어떻게 되었을까요? 지금 세계적으로 많은 사람들이 사용하고 있는 애플 컴퓨터가 만들어질 수 있었을까요?

스티브 잡스와 스티브 워즈니악의 만남은 우연과 같았습니다. 스티브의 옆집에 사는 소년이 워즈니악의 회로기를 들고 스티브를 찾아오지 않았다면 둘의 만남은 이루어지지 않았을 테니까요. 이들에게는 '기계'라고 하는 공동의 관심사가 있었습니다. 그리고 오랜 시간 동안 서로를 믿고 의지하며 우정을 쌓아 나갔습니다. 그 결과물이 바로 현재 세계적으로 유명해진 '애플 컴퓨터'입니다.

옛말에 친구를 보면 그 사람을 안다고 했습니다. 친구는 나와 비슷한 놀이를 하고, 이야기를 나누고, 우정을 키우는 대상입니다. 비슷한 놀이와 이야기를 한다는 것은 그만큼 말이 통하고 마음이 맞는다는 의미가 되겠지요. 그러니 친구를 보면 그 사람의 마음 씀씀이나 취향을 어느 정도 알 수 있다는 것입니다.

스티브와 워즈니악이 그랬던 것처럼요.

스페인의 철학자 그라시안은 "속마음을 나눌 수 있는 친구만이 인생의 어려움을 헤쳐 나갈 수 있는 힘을 준다."고 했습니다. 이 말은 스티브 잡스와 워즈니악의 경우에 딱 맞는 것 같습니다. 만약 스티브 잡스가 회사를 만들자고 했을 때 워즈니악이 스티브의 속마음을 헤아리지 못하고 거절했다면, 스티브는 끝내 애플 컴퓨터를 만들지 못했을 겁니다. 하지만 워즈니악이 가족의 반대를 무릅쓰고 스티브의 손을 잡아 준 덕분에 스티브는 오랫동안 가슴속에 품고 있었던 꿈을 실현할 수 있었습니다.

지금 자신의 주위를 한번 둘러보세요.

인생에 어려움이 닥쳤을 때 그 문제를 헤쳐 나갈 수 있는 힘을 주는 친구는 과연 몇 명이나 될까요? 또 자신은 친구에게 그런 사람이 되고 있나요? 진정한 친구를 얻고 싶다면 자신부터 누군가에게 힘을 주는 든든한, 친구가 되어야 합니다.

friend 친구

회사를 운영한다는 것은 생각처럼 쉬운 일이
아니었어요. 게다가 우리는 어린 나이에
회사를 차렸기 때문에 가진 돈이 너무 없었지요.
하지만 그대로 주저앉을 수는 없었어요.
우리에게는 오히려 '젊음'이라는 무기가 있다고 생각했지요.
나는 열심히 사람들을 찾아다녔어요.
또 우리가 만든 회사에 도움이 될 수 있는 일이라면
무엇이든 최선을 다했어요.
실패를 한다 해도 겁날 게 없었어요.
우리에게는 또 다른 무엇이 기다린다고 믿었으니까요.
겁먹지 않고 과감하게 도전하면 반드시 이룰 수 있다는
사실을 그때 깨달았어요.

애플 I 의 탄생

'애플 컴퓨터'라는 이름을 걸고 회사를 시작했지만, 스티브와 워즈니악에게는 돈이 없었다. 돈을 벌려면 제품을 만들어 팔아야 하는데 제품을 만들 부품 자체가 없었다. 물론 부품을 살 돈이 없는 탓이었다.

스티브는 차를 팔아 부품 값을 마련했고 워즈니악은 부지런히 제품을 만들었다. 스티브는 워즈니악이 만든 첫 번째 회로기판에 '애플1'이라는 이름을 붙였다.

"애플 컴퓨터의 첫 번째 제품이야. 앞으로 애플2, 애플3이 줄줄이 나올 거라고. 그렇지?"

스티브는 애플1을 들고 만족스러운 듯 웃었다. 하지만 부품 살 돈이 없어 애플1도 충분히 만들기는 어려웠다. 워즈니악은 말없이 고개를 숙였다. 스티브가 워즈니악의 어깨를 잡았다.

"걱정 마. 애플2, 애플3이 나올 수 있도록 내가 더 노력할게."

워즈니악은 스티브의 눈을 바라보았다. 스티브의 눈은 언제나 그랬던 것처럼 자신만만하게 빛났다. 워즈니악은 스티브를 향해 미소를 지었다. 그런데 갑자기 스티브가 부랴부랴 워즈니악이 만든 애플1을 챙겼다.

"어디 가려고?"

워즈니악이 물었다.

"클럽에 가 보려고. 전자 기기에 관심 있는 사람들이 모이는 클럽 알지?"

워즈니악이 고개를 끄덕였다. 스티브가 말을 이었다.

"거기에서 애플1을 보여 주면 틀림없이 다들 갖고 싶어 안달을 낼 거야."

애플1을 챙겨 들고 스티브는 전자 클럽을 찾아갔다. 주말이어서인지 클럽에는 사람들이 평소보다 많았다. 스티브는 자신 있게 연단에 나섰다. 그리고 워즈니악이 만든 애플1을 꺼내 들었다.

"머지않아 개인용 컴퓨터 시대가 열릴 겁니다. 여기 애플 컴퓨터에서 만든 애플1은 개인용 컴퓨터를 만드는 데 획기적인 공헌을 하게 될 것입니다."

스티브의 목소리에는 힘이 넘쳤다. 하지만 회원들의 반응은 차갑기만 했다. 커다란 업체에서 쏟아 내는 깔끔하고 번쩍이는 제품에 열광하던 회원들에게 스티브가 내민 애플1은 그저 밋밋하고 투박한 물건처럼 보였다. 회원들의 반응은 싸늘했지만 스티브는 주눅 들지 않았다. 어차피 한 번의 노력으로 성공을 거둘 거라고 생각하지 않았다.

"한 명 한 명 따로 만나서 직접 설명을 해야겠어."

스티브는 애플1을 들고 회원들을 찾아다녔다. 다행히 컴퓨터 부속품을 판매하는 가게 주인이 애플1에 관심을 보였다.

"이걸 완전하게 조립된 제품으로 50개만 만들어다 줄 수 있겠어?"

주인이 물었다. 처음으로 애플 컴퓨터의 제품이 판매되는 순간이었다. 스티브는 떨렸지만 애써 담담하게 물었다.

"값을 얼마씩 쳐줄 거죠?"

"하나에 5백 달러씩 주지."

꽤나 후한 금액이었다. 스티브는 즉석에서 계약서를 만들었다. 그리고 회사로 돌아와 워즈니악에게 기쁜 소식을 알렸다.

"하지만 부품이 없는데 50개를 어떻게 만들지?"

워즈니악은 애플 컴퓨터의 현실을 걱정하고 있었다. 스티브는 다시 큰소리를 쳤다.

"내가 부품을 마련해 올 테니 아무 걱정 말고 애플1이나 만들어 줘. 알았지?"

스티브는 가게 주인과의 계약서를 들고 산업 단지를 찾아갔다. 산업 단지에는 수백 개의 벤처 기업이 모여 있었다. 스티브는 계약서를 담보로 다른 업체로부터 돈을 빌릴 생각이었다. 하지만 남의 돈을 끌어오는 일은 생각만큼 쉽지 않았다. 벤처 기업을 일일이 찾아다녔지만 돈을 빌려 주겠다는 곳은 한 군데도 없었다.

"부품 가게를 상대하는 게 더 빠르겠어."

스티브는 발걸음을 부품 가게로 돌렸다.

"컴퓨터 회로기판을 만드는 데 부품이 필요합니다. 저에게 부품을 외상으로 주십시오."

스티브가 부품 가게 주인에게 부탁했다. 하지만 주인은 고개를 절레절레 흔들었다.

"뭘 믿고 당신에게 그 많은 부품을 외상으로 주겠소? 난 싫소!"

스티브는 부품 가게 주인에게 계약서를 내밀었다.

"한 개에 5백 달러씩 50개를 사겠다는 계약서입니다. 이 계약을 정확하게 지키게 되면 부품 값은 바로 드릴 수 있습니다."

계약서를 확인한 부품 가게 주인은 그제서야 스티브에게 2만 달러에 해당하는 부품을 건네주었다.

어렵게 부품을 구한 스티브와 워즈니악은 누이동생과 친구들을 동원해 제품을 만들었다. 그리고 약속된 날짜에 50개의 애플1을 가지고 당당하게 컴퓨터 부속품 가게를 찾아갔다. 가게 주인은 반갑게 스티브를 맞이했다. 하지만 제품을 보고는 곤란한 표정을 지어 보였다.

"나는 모니터랑 키보드까지 딸린 제대로 된 컴퓨터 제품을 원했는데, 이건 그냥 회로기판에 불과하잖아."

제품에 대한 스티브와 가게 주인의 생각이 서로 달라 벌어진 일이었다. 스티브는 자신의 실수를 인정했다. 하지만 가게 주인은 약속대로 애플1을 구입해 주었다. 회사로 돌아오며 스티브는 생각했다.

'제품을 만들어 팔려면 사고자 하는 사람의 생각을 정확하게 읽어야 해!'

스티브는 회사를 운영함에 있어 고객의 입장을 먼저 생각해야 한다는 중요한 사실을 깨달았다.

컴퓨터 축제의 충격

애플1 판매에 한창 열을 올리고 있을 무렵, 스티브는 애틀랜틱 시티에서 개인용 컴퓨터 축제가 열린다는 사실을 알게 되었다.

"우리도 참가해 보자."

스티브가 애플1을 만들고 있는 워즈니악에게 말했다. 워즈니악이 관심을 보이자 스티브는 신이 나서 말을 덧붙였다.

"처음 열리는 축제니까 많은 사람들이 보러 올 거야. 거기에서 우리가 만든 애플1을 보여 주자."

그날로 스티브와 워즈니악은 애틀랜틱시티 컴퓨터 축제에 참가할 준비를 하기 시작했다. 작은 규모에 이름도 알려지지 않은 회사지만 스티브는 애플1에 대한 자신감이 있었다.

"거기에서 우리 회사에 투자하겠다는 사람을 만나면 좋겠다."

스티브는 워즈니악과 함께 애틀랜틱시티로 향하면서 조심스럽게 희망을 품었다. 투자자를 만나서 돈 걱정을 덜게 된다면 더 좋은 제품을 만들 수 있을 것 같았다. 하지만 행사장에 도착하는 순간 스티브의 희망은 물거품처럼 사라졌다.

행사장은 미국에 있는 컴퓨터 회사는 모조리 참여한 것처럼 북적였고, 그만큼 제품의 종류도 다양했다. 행사에 참여한 업체들은 조금이라도 자신들의 컴퓨터가 주목 받도록 부스를 치장하는 데 여념이 없었다. 좋은 자리를 차지하기 위한 싸움도 치열했다. 제각기 홍보용 자료도 준비하고, 제품을 알리기 위해 도우미로 시선을 끄는 곳도 있었다.

그에 비해 스티브와 워즈니악의 애플은 초라하기 그지없었다. 홍보용 자료는 물론 부스 치장 따위는 생각하지도 못했다. 그뿐만이 아니었다. 다른 회사에서 가지고 나온 컴퓨터는 상상 이상이었다. 스티브는 지금까지 애플에 갇혀서 큰 세상을 보지 못한 것 같은 생각이 들었다. 워즈니악 또한 큰 충격을 받았다.

"우리가 너무 쉽게 생각했나 봐."

워즈니악이 넋이 나간 듯 중얼거렸다. 스티브도 워즈니악과 같은 마음이었다. 하지만 스티브는 스스로를 초라하게 만들고 싶지 않았다.

"우린 이제 출발점에 선 거잖아. 겁먹지 말자. 지금이라도 우리한테 부족한 부분을 찾아서 채워 가면 돼."

스티브는 성큼성큼 걸음을 내딛었다. 처음으로 열리는 컴퓨터 행사장에서 애플1을 알리려는 계획은 지워 버렸다. 대신 경쟁사라고 할 수 있는 다른 회사의 제품들을 꼼꼼히 살피기로 했다. 더불어 그들이 내세우는 홍보 전략도 하나하나 확인했다.

로스앨터스로 돌아오는 길에 스티브가 워즈니악에게 말했다.

"우선 소비자들이 사서 바로 사용할 수 있는 완전한 컴퓨터를 만들어야겠어. 지금처럼 회로기판을 먼저 내놓는 건 효과적이지 못해."

"하지만 우리에겐 그럴 만한 돈이 없어."

워즈니악이 걱정스러운 듯 말했다. 그러자 스티브가 다시 목소리에 힘을 주었다.

"우리에게 투자할 사람을 찾으면 돼. 그리고 우리 애플 컴퓨터를 홍보해 줄 홍보 담당자도 구해 보자."

스스로 초라하다고 생각되는 순간에도 스티브는 꿈을 포기하지 않았다. 대신 자신들이 갖고 있는 문제점을 정확하게 판단하고 미래를 계획했다.

끊임없이 계획하고 실행하며 도전하는 것, 그것은 애플이 성장하는 데 큰 힘이 되었다.

최고를 향한 도전

로스앨터스로 돌아오자마자 워즈니악은 애플1의 단점을 보완한 새로운 제품을 개발하기 시작했다. 워즈니악은 매우 꼼꼼하고 완벽한 기술자였다. 스티브는 워즈니악이 앞으로 개발할 제품에 대해서는 걱정하지 않았다. 문제는 돈과 홍보였다.

스티브가 투자자와 홍보 담당자를 찾기 위해 이런저런 자료를 살피고 있을 때, 매우 신선한 광고 하나가 눈에 들어왔다. 제품에 대한 설명도 없는 깔끔한 광고였다.

"그래, 광고는 이렇게 해야 해! 일단은 눈에 띄어야 해."

스티브의 눈을 단번에 사로잡은 광고는 레지스 매키너 에이전시에서 만든 것이었다. 레지스 매키너 에이전시는 당시 최고의 광고 기획사로, 내로라하는 업체의 광고는 그곳에서 거의 만들어지고 있었다. 조금의 망설임도 없이 스티브는 곧바로 에이전시의 대표 매키너에게 전화를 걸었다. 스티브는 매키너와 직접 통화를 하고 싶었다. 그러나 그의 사무실은 호락호락하지 않았다.

"저희는 작은 업체의 광고는 만들지 않습니다. 큰 회사의 광고만 만들어도 시간이 모자랄 형편이거든요."

매키너 사무실에 있는 직원은 스티브의 제안을 정중하게 거절했다. 하지만 스티브는 매키너에게 애플의 광고를 맡기고 싶었다. 최고가 되려면 최고와 손잡고 일을 해야 한다고 믿었다.

스티브는 매일 매키너의 사무실로 전화를 걸었다. 그리고 끈질기게 직원을 설득했다. 매키너 사무실의 직원은 스티브의 전화 때문에 제대로 일을 할 수 없었다. 결국 매키너 사무실의 직원은 매키너와 스티브의 만남을 주선해 주었다.

"좋아! 이제 매키너를 우리 쪽으로 끌어오기만 하면 돼."

스티브는 매키너와 만난 자리에서 애플 컴퓨터의 미래와 자신이 갖고 있는 꿈을 솔직하게 털어놓았다. 하지만 매키너의 반응은 신통치 않았다.

"당신의 배짱과 포부는 대단합니다. 하지만 그것만 가지고는 경쟁에서 살아남기 어렵습니다."

스티브는 매키너의 단호한 말투에 더 이상 그를 설득하기 어려울 것이라고 생각했다. 하지만 스티브는 굳은 표정으로 말했다.

"당신이 애플의 홍보를 맡아 주시기 전까지 나는 이곳에서 한 발짝도 물러나지 않을 겁니다."

자신의 뜻을 받아 줄 때까지 무조건 버티고 고집을 부리는 것이야말로 어려서부터 스티브가 종종 써먹던 방법이었다. 매키너는 젊은 청년의 고집에 혀를 내둘렀다. 그리고 스티브에게 새로운 제안을 했다.

"먼저 든든한 투자자를 찾으십시오. 당신이 거액의 투자를 받아 낸다면 나도 당신과 함께 일을 하겠소."

스티브도 역시 투자자가 필요하다는 것을 알고 있었다.

"좋습니다. 그럼 이제 당신은 저희와 함께 일을 하기로 약속한 겁니다."

스티브는 자신만만했다. 매키너는 젊은 청년의 배짱이 마음에 들었다. 매키너는 스티브에게 돈이 많은 부자를 소개해 주었다. 하지만 그 부자는 스티브의 애플 컴퓨터에 투자할 마음이 조금도 없었다. 스티브는 자존심이 상했지만, 내색하지 않았다. 자신이 원하는 것을 얻기 위해서는 자존심 따위는 잊어도 좋다고 생각했다. 스티브는 그에게 다른 투자자를 소개해 달라고 부탁했다. 그리고 소개 받은 투자자들을 한 명씩 찾아다니며 투자를 요청했다. 하지만 결과는 번번이 좋지 않았다.

"돈 많은 부자들이 세상을 보는 안목이 이렇게 없어서야……. 애플 컴퓨터는 분명히 세상을 바꾸는 큰 힘이 될 텐데……."

스티브는 새로운 제품 개발이 한창인 워즈니악에게 푸념하듯 말했다. 워즈니악은 스티브를 달리 도와줄 방법이 없었다. 워즈니악이 할 수 있는 일이라고는 세상이 뒤집힐 만한 제품을 만들어 내는 것뿐이었다. 스티브 또한 워즈니악이 제품 개발에만 전념하기를 바랐다.

스티브는 다시 투자자를 찾아다녔다. 스티브는 마이크 마쿨라를 찾아갔다. 마쿨라는 컴퓨터 업체에서 일을 하다가 회사의 주식을 사들여 큰 부자가 된 사람이었다. 그렇기 때문에 컴퓨터와 관련된 일에 어느 정도 안목이 있었다. 마쿨라는 스티브와의 만남 이후 직접 애플 컴퓨터 사무실을 방문했다. 비록 허름한 사무실에서 만들고 있는 제품이기는 했지만, 마쿨라가 보기에도 워즈니악의 신제품은 쓸 만해 보였다. 그리고 스티브가 보여 준 열성이라면 애플 컴퓨터의 앞날은 밝을 것이라고 확신했다.

"좋소. 당신들의 회사에 9만 달러를 투자하겠소. 필요하다면 은행에서 25만 달러를 빌릴 수 있도록 보증도 서 주겠소."

드디어 마쿨라가 애플 컴퓨터에 투자하기로 결정했다. 마쿨라의 투자를 얻어 낸 스티브는 최고의 광고 기획자, 매키너와도 일을 할 수 있게 되었다. 돈과 홍보라는 두 가지 약점을 보완하기 위해 최고를 찾아다닌 결과는 그야말로 성공적이었다. 스티브는 애플 컴퓨터가 전 세계 사람들의 마음을 사로잡을 상상을 하니 가슴이 벅차올랐다.

　최고가 되고 싶다는 스티브의 도전 정신이 없었다면 이 모든 일은 불가능했다.

스티브 잡스 아저씨의 성공법칙 ❹
끊임없이 도전하기

　스티브가 돈 한 푼 없이 '애플 컴퓨터'라는 회사를 시작한 것은 어찌 보면 참으로 무모한 일이라고 할 수 있습니다. 아무리 훌륭한 제품을 개발한다 하더라도 일단 자본이 없으면 제품을 만들 수 없으니까요. 하지만 스티브는 이런 불리한 환경에 굴복하지 않고 회사를 설립했습니다. 그의 첫 번째 도전이 시작된 것이지요.

　도전이란 무엇인가에 정면으로 맞서 싸움을 거는 것입니다. 산악인이 세계적으로 험한 산에 오르는 것 그리고 수영 선수가 맨몸으로 바다를 헤엄쳐 건너는 것 등 모두가 그들의 도전 정신이 만들어 낸 업적이지요.

　스티브의 경우에는 오로지 기술력 하나로 컴퓨터 회사를 설립해, 기계로 세계를 바꾸겠다는 꿈에 정면으로 도전을 했습니다. 물론 초기에는 어려움도 겪었지요. 고객과의 의사소통이 제대로 되지 않아 불완전한 제품을 만들기도 하고, 스스로 최고의 제품이라고 믿었던 애플1이 초라하고 볼품없는 제품이었다는 사실을 깨닫기도 했으니까요. 하지만 스티브는 이러한 어려움 앞에 포기하지 않았습니다. 피하지 않고 다시 도전하였지요. 그리고 결국 그가 바라던 결과를 이루어 냈습니다.

　'마일즈 데이비스'라는 미국의 가수는 "안전한 길만 택하는 사람에게는 결코 발전이란 게 없다."라고 했습니다. 만약 스티브가 직장 생활에 만족하고 평범하게 살았다면 어떻게 되었을까요?

우리는 스티브 잡스가 만들어 낸 다양한 컴퓨터와 휴대전화를 사용할 수 없었을 것입니다. 뿐만 아니라 애플이라는 회사도 없었겠지요. 이처럼 세상 사람 모두가 새로운 것에 도전하는 것을 두려워하여 남들 하는 만큼만 안전하게 생활한다면 세상은 늘 제자리걸음만 하고 있을 테지요.

하지만 아무도 가지 않은 길에 도전하여 발자국을 남긴다면, 그것은 세상에 이름을 남길 만한 경이로운 도전이 될 것이고, 나아가 그 뒤를 따르는 사람들에게 새로운 지표가 될 것입니다.

세상을 보다 나은 것으로 바꾸려면 안전한 길이 아닌 새로운 길에 도전하는 정신이 반드시 필요합니다. 무모하게 도전하여 새로운 컴퓨터를 만들어 세상을 바꾸어 놓은 스티브처럼 말입니다.

challenge 도전

넘어져도 다시 일어나!

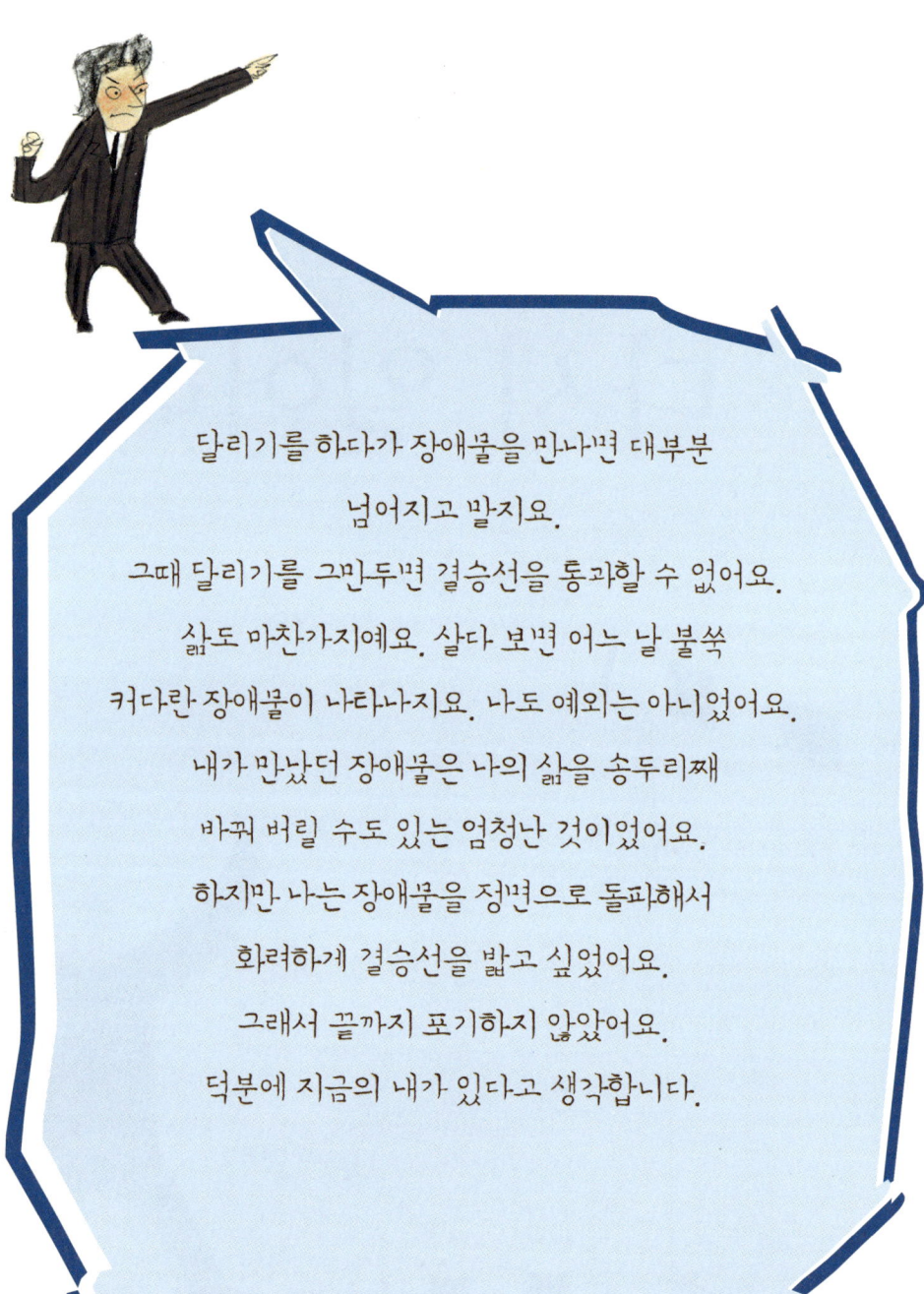

달리기를 하다가 장애물을 만나면 대부분
넘어지고 말지요.
그때 달리기를 그만두면 결승선을 통과할 수 없어요.
삶도 마찬가지예요. 살다 보면 어느 날 불쑥
커다란 장애물이 나타나지요. 나도 예외는 아니었어요.
내가 만났던 장애물은 나의 삶을 송두리째
바꿔 버릴 수도 있는 엄청난 것이었어요.
하지만 나는 장애물을 정면으로 돌파해서
화려하게 결승선을 밟고 싶었어요.
그래서 끝까지 포기하지 않았어요.
덕분에 지금의 내가 있다고 생각합니다.

리사 컴퓨터의 실패

드디어 애플1의 단점을 보완한 애플2가 개발되었다. 스티브는 애플2의 탄생에 한껏 흥분했다.

"애플2는 반드시 성공시키겠어."

스티브의 목소리는 기쁨에 들떠 있었다. 워즈니악이 나지막한 목소리로 말했다.

"너무 애쓰지는 마. 천천히 해 나가면 되니까."

하지만 스티브는 마음을 가라앉히지 못했다. 마침 웨스트코스트란 지역에서 컴퓨터 박람회가 열릴 예정이었다.

"절호의 기회야. 이번에는 애플2를 제대로 알려 보자고."

"애틀랜틱시티에서 있었던 일을 잊으면 안 돼."

워즈니악이 타이르자 스티브가 피식 웃었다.

"그 일을 어떻게 잊겠어? 걱정 마. 이번 박람회의 주인공은 애플2가 되도록 할 테니까."

스티브는 홍보 담당 매키너와 함께 컴퓨터 박람회를 준비하기 시작했다.

"두 번의 실패는 없어. 이번에는 반드시 애플 컴퓨터가 승리할 거야."

어느 누구도 열정적으로 덤벼드는 스티브를 당해 낼 수 없었

다. 워즈니악과 매키너는 스티브가 요구하는 대로 부지런히 움직였다. 마쿨라도 예외는 아니었다. 마쿨라는 박람회를 위해 얼마간의 돈을 더 투자해야 했다.

드디어 박람회가 열렸다. 스티브는 일찌감치 박람회장에 도착해 부스를 꾸미고 조명을 설치했다. 다행히 사람들은 애플 컴퓨터에서 만든 애플2에 큰 관심을 보였다. 애플2는 기존에 나와 있는 컴퓨터와는 달리 수많은 칩과 회로판이 메인보드 하나에 연결되어 있었다. 디자인도 세련되고 깔끔했다. 그리고 컴퓨터를 잘

모르는 사람도 쉽게 사용할 수 있도록 명령어가 단순했다. 모든 것이 사용자의 입장을 고려해서 만들어진 제품이었다. 사람들은 애플2에 열광했고, 순식간에 300대가 넘는 컴퓨터를 팔았다. 스티브의 예감이 그대로 적중했다.

애플2는 매달 3만 대 이상 꾸준히 팔려 나갔고, 연 매출도 1억 달러를 넘어섰다. 스티브와 워즈니악 둘이서 시작한 애플 컴퓨터는 이제 천 명이 넘는 직원이 일하고 있었다. 애플 컴퓨터는 4년 만에 급속도로 성장했다. 1980년 12월, 스티브는 기업을 공개하고 주식을 공모했다. 애플 컴퓨터의 주식은 순식간에 팔려 나갔고, 스티브는 하루아침에 큰 부자가 되었다.

스티브는 매우 만족스러웠다. 일은 자신이 원하는 대로 문제없이 진행되었고, 생각지도 않았던 큰돈까지 벌어들였다. 스티브는 점점 자신이 판단해서 벌이는 일은 무조건 잘된다는 자만심에 빠져들었다. 스티브는 능력이 없다고 판단되는 직원은 가차없이 쫓아내 버렸고, 반대로 재능이 있는 직원에게는 무조건 잘 대해 주었다. 차츰 직원들 사이에서 스티브를 좋아하는 사람과 그렇지 않은 사람으로 편이 갈리기 시작했다. 보다 못해 워즈니악이 스티브에게 충고했다.

"우리 회사 직원들은 모두 회사를 위해 최선을 다하고 있다네. 자네가 그걸 기억해 줬으면 좋겠어."

하지만 스티브는 워즈니악의 말을 받아들이려 하지 않았다.

"자네처럼 우유부단해서는 아무것도 이룰 수 없어. 큰일을 이루려면 결단력이 필요하다고!"

워즈니악은 스티브의 고집을 알기에 길게 한숨을 내쉬며 사무실을 나갔다. 스티브는 화가 나서 견딜 수가 없었다.

"내가 제품 개발에 참여하지 않는다고 나를 우습게 보는 게 분명해."

돌이켜 보면 애플 컴퓨터를 이만큼 키워 준 애플2는 워즈니악의 작품이었다. 그동안 스티브는 워즈니악이 만든 제품을 홍보하고 판매하는 데에만 열을 올렸다. 스티브는 갑자기 오기가 생겼다. 워즈니악을 뛰어넘는 자신만의 작품을 만들고 싶었다.

스티브는 새로운 제품 개발에 몰두하기 시작했다. 컴퓨터 연구 센터를 찾아가 새로운 기술을 배우고, 현재가 아닌 미래에 꼭 필요한 컴퓨터가 무엇일까를 생각했다. 그러다가 마우스로 그림을 클릭해서 프로그램을 실행시키는 장치를 생각했다. 스티브는 그것이 앞으로의 컴퓨터를 바꿔 갈 힘이라고 판단했다. 스티브는 곧바로 컴퓨터 개발에 돌입했다. 그리고 그 제품에 '리사 컴퓨터'라는 이름을 붙였다.

리사 컴퓨터를 최고로 만들려는 스티브의 의욕은 점점 커졌다. 스티브는 리사 컴퓨터의 하드웨어도 고급으로 만들고, 소프트웨어도 필요하다 싶은 것은 모두 첨가했다. 그러다 보니 컴퓨터 한 대당 가격이 평균 이상으로 높아졌다. 컴퓨터의 무게도 23킬로그램에 달했다.

사람들은 비싸고 무거운 컴퓨터를 원하지 않았다. 스티브가 오기로 만들어 낸 리사 컴퓨터는 결국 스티브의 첫 번째 실패작이 되고 말았다.

실패는 되풀이되고

리사 컴퓨터의 실패로 스티브는 자존심이 크게 상하고 말았다.

"이대로 물러설 수 없어."

어떻게 해서든 자신의 능력을 다시 보여 줄 기회를 잡고 싶었다. 스티브는 회사에서 진행하고 있는 신제품 개발 계획서를 들여다보다가 디자인 작업에 많이 사용되는 매킨토시 개발팀의 계획서에 관심을 가졌다.

"300달러짜리 가정용 컴퓨터라……."

처음 매킨토시 개발팀의 계획을 들었을 때는 스티브는 콧방귀를 뀌며 들은 체도 하지 않았다. 그때는 리사 컴퓨터에 정신이 빠져 있었지만 지금은 상황이 달라졌다. 스티브는 계획서를 들고 곧바로 매킨토시 개발팀을 찾아갔다.

"지금부터 매킨토시 개발의 책임은 제가 맡겠습니다. 여러분은 앞으로 1년 반 안에 매킨토시를 만들어 내야 합니다."

스티브의 갑작스러운 결정에 매킨토시 개발팀은 비상이 걸렸다. 그때까지 매킨토시 개발은 3년 안에 마치는 것으로 계획되어 있었다.

"시간이 너무 부족합니다."

"지금까지 우리 팀을 이끌었던 팀장님은 어떻게 되는 거지요?"

팀원들이 반발하고 나섰다. 하지만 스티브가 한번 하겠다고 내린 결정은 바꿀 수 없었다.

스티브는 팀원들이 제품 개발에만 매진할 수 있도록 최대한 배려했다. 그리고 전 세계를 넘어 우주에 영향을 미칠 엄청난 컴퓨터를 만들고 있다고 격려했다. 팀원들은 열심히 일했지만 스티브가 계획한 일정에 맞추기에는 무리였다.

스티브는 매킨토시 컴퓨터의 소프트웨어 개발을 마이크로소프트사에 맡겼다. 마이크로소프트사는 빌 게이츠라는 천재적인 컴퓨터 프로그램 개발자가 운영하는 회사로, 크고 작은 컴퓨터 제조업체의 소프트웨어를 만들고 있었다.

스티브가 열정적으로 일을 추진한 덕분에 매킨토시 컴퓨터는 1년 반 안에 출시되었다. 하지만 매킨토시 컴퓨터에 대한 소비자의 반응은 신통치 않았다. 스티브는 다시 한 번 실패를 맛보게 되었다.

연거푸 실패를 거듭한 스티브는 큰 충격에 빠졌다. 스티브는 불안했다.

"이대로 있다가는 회사에서 쫓겨나고 말겠어."

스티브는 자신이 만든 회사만큼은 지키고 싶었다. 그러려면 회사를 운영하는 임원 자리에 자신의 말을 잘 들을 만한 사람을 앉히는 게 유리할 것 같았다. 스티브는 엉뚱하게도 콜라 회사의 사장 존 스컬리를 찾아갔다.

"당신이 애플 컴퓨터의 사장이 되어 주시오."

존은 갑작스러운 스티브의 제안이 당황스러웠다.

"어린 아이들에게 설탕물을 파는 것보다는 산업체에 컴퓨터를 파는 것이 훨씬 근사하지 않겠소?"

존은 스티브의 제안을 받아들였다.

"엉터리 사장을 앉혔으니 걱정 없어. 계속해서 내 마음대로 회사를 이끌어 갈 수 있을 거야."

스티브는 속으로 만세를 불렀다. 하지만 새로운 사장은 스티브의 생각처럼 단순한 사람이 아니었다.

"내가 호락호락 넘어갈 사람은 아니지."

존은 애플 컴퓨터에 출근하자마자 회사 경영에 관한 모든 자료를 살폈다. 그리고 그동안 스티브가 얼마나 자기 마음대로 회사를 운영했는지 파악했다. 존은 스티브 모르게 회사의 임원들을 모아 회의를 열었다.

"스티브가 애플 컴퓨터의 창업자이기는 하지만 지금까지 회사에 너무 많은 손해를 입혔습니다."

존은 회사에 손해를 입힌 사람에게 회사의 큰일을 맡길 수 없다고 말했다. 임원들은 새로운 사장의 결정에 따르기로 했다.

1985년 5월 28일, 존은 스티브에게 전화를 걸었다. 그러고는 회사에 남아 있되 회사의 어떠한 일에도 참여하지 말 것을 명령했다. 스티브가 애플 컴퓨터를 만든지 십 년 남짓 되었을 때였다. 스티브는 부들부들 떨리는 손으로 수화기를 내려놓았다.

자신이 만든 회사에서 할 수 있는 일이 아무것도 없다는 사실에 스티브는 뜨거운 사막 한가운데로 떨어지는 느낌이 들었다.

애플에서 쫓겨나다

스티브는 괴롭고 억울했다. 누가 뭐라고 해도 애플 컴퓨터는 자신이 만든 회사였다. 비록 몇 차례 실패하기는 했어도 이대로 물러나고 싶지는 않았다. 스티브는 며칠 동안 집 안에 틀어박혀 꼼짝하지 않았다. 그리고 지나 온 시간을 되돌아보았다. 최고가 되기 위해 최선을 다한 시간이었다. 그 시간을 결코 헛되이 만들고 싶지는 않았다. 스티브는 애플 컴퓨터 임원들의 결정을 받아들이기로 했다.

"이제 어떻게 하면 좋겠습니까?"

스티브가 새로운 사장, 존에게 물었다. 존이 그에게 '제품 창안자'라는 직함을 내밀었다.

"뭘 하라는 거요?"

스티브가 다시 물었다. 존이 웃으며 대수롭지 않게 말했다.

"어떤 제품을 만들면 좋을지 생각하면 됩니다. 좋은 생각이 나면 보고서를 만들어 제출하세요. 그리고 길 건너 작은 건물에 사무실을 하나 마련해 뒀으니 내일부터는 그곳으로 출근하십시오."

스티브는 화를 꾹 참으며 사장실을 나왔다. 우선 회사에서 하라는 대로 따르자고 마음을 다잡았다.

'어떻게 해서든 다시 기회를 잡고 말겠어.'

스티브는 조그마한 사무실로 출근을 하며 부득부득 이를 갈았다. 언제든 기회가 다시 올 거라고 굳게 믿었다. 하지만 기회는 쉽게 오지 않았다. 새로운 사무실에서 스티브가 할 수 있는 일은 아무것도 없었다. 그저 자리를 지키고 있다가 퇴근하는 것이 전부였다. 애플 컴퓨터와 관련된 것은 종이 한 장 받아 볼 수 없었다. 사무실에서 지는 해를 지그시 바라보며 스티브는 생각했다.

'내 나이 이제 서른이야. 일할 시간은 앞으로도 충분해.'

스티브는 다시 중대한 결정을 내렸다. 그리고 곧바로 애플 컴퓨터를 찾아가 사직서를 내밀었다. 존은 갑작스러운 스티브의 행동에 놀란 표정을 감추지 못했다.

"회사를 나가서 뭘 하려는 거지요?"

"다시 새로운 일을 시작해 볼 겁니다."

스티브는 목소리에 힘을 주었다. 존은 예상하지 못한 스티브의 행동에 당황스러웠다. 혹시라도 스티브가 애플 컴퓨터와 비슷한 일을 하게 될까 걱정이 되기도 했다. 어쨌든 스티브는 능력 있는 사업가였고, 전자 기기에 관해서도 뛰어난 기술자임에는 틀림없었다.

"이제 와서 다시 일을 시작하려면 고생이 이만저만이 아닐 겁니다. 그냥 이곳에 남아 있으면 편안하게 살 수 있어요. 괜한 고생을 사서 할 필요는 없지 않겠습니까?"

존은 스티브를 붙잡았다. 하지만 스티브의 생각은 확고했다.

"저는 아직 젊습니다. 이제 시작해도 늦지 않을 거라고 믿습니다."

스티브는 그 길로 애플 컴퓨터를 떠났다. 20대의 전부를 바친 회사였지만 미련을 두고 싶지는 않았다. 지난 일은 깨끗이 잊고 다시 시작하고 싶었다.

스티브는 천천히 새로운 일을 구상하기로 했다. 스티브가 가장 잘할 수 있는 일은 컴퓨터 제도 분야였다. 하지만 애플 컴퓨터와는 다른 영역의 컴퓨터를 만들어야 했다.

매일 아침 스티브는 도서관으로 향했다. 그곳에서 닥치는 대로 책을 찾아 읽었다. 그러다 보면 새로운 지식이 눈에 띄기도 했다. 새로운 지식을 발견하면 스티브의 가슴이 콩닥콩닥 뛰었다. 다시 애플 컴퓨터를 시작할 때의 열정이 되살아나는 기분이었다.

"나는 다시 시작할 거야. 반드시 해낼 수 있어."

스티브는 자기 자신에게 끊임없이 용기를 불어넣었다. 부지런히 자료를 수집하면서 스티브는 그즈음 사람들의 관심이 유전자 변형 기술에 쏠려 있다는 것을 알게 되었다. 유전자 변형 기술은 낯선 분야였지만 스티브는 도전해 보고 싶었다.

"분명히 이 분야에도 컴퓨터가 필요한 부분이 있을 거야."

스티브의 무모한 도전은 '넥스트'라는 새로운 회사를 설립한 이후에도 계속되었다.

스티브 잡스 아저씨의 성공법칙 ❺
끈기 가지기

애플 컴퓨터를 세운 지 꼭 십 년 만에 스티브에게 위기가 닥쳤습니다. 바로 애플 컴퓨터에서 쫓겨나게 된 것이지요. 스티브는 왜 애플 컴퓨터에서 쫓겨나는 신세가 되었을까요?

컴퓨터에 대한 열정 하나로 회사를 설립했던 스티브는 자신의 생각대로 모든 일이 풀리기 시작하면서 이기적으로 변해 갔습니다. 물론 어려서부터 스티브에게는 외골수적인 모습이 많이 있기는 했지요. 하지만 많은 사람을 상대해야 하는 자리에 있으면서도 스티브는 배려와 양보의 아름다움을 몰랐습니다. 그 때문에 많은 사람들이 스티브에게 등을 돌리기 시작했습니다.

스티브는 점차 불안감을 느꼈습니다. 그래서 이것저것 되는 대로 일을 벌여 보았지만 모두 실패하고, 급기야 회사에서 아무런 일도 할 수 없는 처지가 되고 말았습니다.

어떤 일에 의욕적으로 매달렸다가 실패했을 때 대부분의 사람들은 그 일을 포기하곤 합니다. 하지만 스티브는 포기하지 않고 다시 일어서기 위한 방법을 찾았지요. 이것이 바로 끈기 있는 행동입니다.

미국의 유명한 시인 롱펠로는 성공의 위대한 비결로 끈기를 꼽았습니다. 그리고 다음과 같은 명언을 남겼습니다.

"만일 끝까지 큰 소리로 문을 두드린다면, 당신은 분명히 어떤 사람을 깨우게 될 것이다."

누군가 안에서 잠들어 있고, 문은 잠겨 있습니다. 그리고 나에게는 열쇠가 없는 상황입니다. 이때 잠들어 있는 사람이 깨어날 때까지 하염없이 기다리기만 한다면 나는 문 안으로 들어갈 수 없습니다. 하지만 안에 있는 사람이 깨어날 때까지 끈기 있게 문을 두드리고 소리를 지른다면 나는 언젠가 그 사람을 깨우고 문 안으로 들어갈 수 있습니다.

꿈을 품고 그것을 이루기 위해 도전을 시작했다면 이제 끈기 있게 행동해야 합니다. 어떤 일을 하다가 곧 싫증이 나더라도 자신을 타이르며 성실하게 행동한다면 훗날 더 어렵고 큰일을 할 때 지겨운 마음을 이기고 끝까지 좋은 성과를 거둘 수 있을 겁니다.

새로운 것에 도전했다면 그 뒤로는 당연히 수많은 어려움이 따릅니다. 이때 도전을 멈춰 버린다면 시작하지 않느니만 못하게 됩니다. 꿈을 이루는 사람들은 모두 중간에 포기하지 않고 끝까지 최선을 다해 노력했음을 잊지 말기 바랍니다.

patience 끈기

세상을
바라보는 눈

애플 컴퓨터에서 쫓겨나 홀로 시간을 보내면서
나는 새로운 사실을 깨달았어요.
세상에는 내가 모르는 것이 너무나 많다는 사실을요.
넥스트를 운영하면서 나는 내가 모르고 있던
새로운 것들을 찾아다니기 시작했어요.
그리고 그것이 가지고 있는 가능성을 발견하려고
애를 썼지요. 그러기 위해서는 우선 무엇이든지 제대로
아는 것이 중요했어요.
나는 세상의 많은 것을 알아내고 그것을 상상하며,
그것을 토대로 더 새로운 것을 만들어 내고자
끊임없이 노력했어요. 그러한 노력의 결과는
애플 컴퓨터, 아이폰, 아이패드 등
지금 여러분이 누리고 있는 많은 것들로 나타났지요.

컴퓨터의 또 다른 가능성

스티브가 넥스트를 설립하고 처음으로 출시될 제품을 한창 개발하고 있을 때였다. 애플 컴퓨터에서 일하던 후배가 스티브에게 전화를 걸어왔다.

"영화 〈스타 워즈〉 보셨습니까?"

〈스타 워즈〉라면 조지 루카스 감독이 만든 우주와 외계인에 대한 상상력이 돋보였던 영화였다.

"물론 잘 알고 있지. 그런데 갑자기 그건 왜 묻나?"

"〈스타 워즈〉에서 컴퓨터 그래픽을 만든 팀이 있는데요, 루카스 감독이 그 팀을 팔겠답니다."

스티브는 귀가 솔깃했다. 솔직히 스티브는 컴퓨터 그래픽에 대해서는 아는 바가 없었다. 하지만 〈스타 워즈〉를 만든 루카스 감독의 명성은 익히 알고 있었다. 스티브는 곧바로 짐을 꾸려 루카스 감독을 만나러 갔다.

루카스 감독이 이끌고 있는 컴퓨터 그래픽 팀은 〈스타 워즈〉에서 외계인의 손가락 끝에서 레이저 광선이 나오는 장면을 만들었다. 그리고 실제로는 찍을 수 없는 우주 공간을 컴퓨터 그래픽을 활용해 실감 나게 만들기도 했다.

스티브는 루카스의 사무실에서 그들이 만든 컴퓨터 그래픽을

구경했다. 컴퓨터 그래픽은 보는 사람으로 하여금 마치 그림 속에 들어가 있는 듯한 착각을 불러일으켰다.

스티브는 루카스 감독의 컴퓨터 그래픽 팀을 사고 싶었지만 돈이 부족했다.

"반값도 괜찮다면 내가 사겠소."

스티브가 당당하게 나섰다. 돈이 무척이나 필요했던 루카스 감독은 스티브의 제안을 거절하지 못했다. 스티브는 비교적 싼 값에 루카스 감독이 이끌던 컴퓨터 그래픽 팀을 사들이고, '픽사'라는 회사를 만들었다. 하지만 넥스트의 임원들은 스티브의 행동이 마음에 들지 않았다.

"도대체 픽사의 컴퓨터 그래픽을 어떻게 활용하려고 그러나?"

"컴퓨터 그래픽이 쓰일 만한 곳을 찾아봐야지요."

스티브는 자신만만했다. 임원들은 스티브의 속을 도무지 알 수 없었다.

"컴퓨터 그래픽이 필요한 곳이 있을까?"

"병원으로 가 보겠습니다."

"병원?"

"병원에서는 방사선이나 CT 촬영을 하면 필름을 보관해 두지요. 그런데 컴퓨터 그래픽을 활용한다면 간단하게 파일로 저장할 수 있으니까 훨씬 간편할 겁니다."

예상대로 병원 관계자들은 스티브의 제안에 관심을 보였다. 하지만 그 이상의 소득은 없었다.

"컴퓨터 그래픽 프로그램을 공부하려면 시간이 꽤 걸릴 것 같

소."

 하루에도 수십 명의 환자들을 상대해야 하는 의료진들은 새로운 컴퓨터 프로그램을 배울 시간이 없었다. 그것은 스티브가 고집을 부린다고 해서 해결될 수 있는 것이 아니었다.

 스티브는 점차 마음이 조급해졌다. 리사 컴퓨터의 실패가 악몽처럼 떠올라 스티브를 끊임없이 괴롭혔다.

 "더 이상 실패할 수 없어."

 결단이 필요했다. 스티브는 픽사의 규모를 줄여 쓸데없이 돈이 새어 나가는 것을 막았다. 하지만 그것만으로는 부족했다.

 "컴퓨터 그래픽을 이용해 무언가를 만들어야 해."

 스티브는 루카스 감독과 함께 작업을 했던 컴퓨터 그래픽 팀을 불러 모아 놓고 솔직하게 픽사의 어려운 상황을 털어놓았다. 그러자 뜻밖의 대답이 돌아왔다.

 "저희가 컴퓨터 그래픽으로 단편 애니메이션을 만들어 보겠습니다."

 스티브는 그 말을 받아들일 수 없었다. 단편 애니메이션으로는 돈을 벌어들일 수 없었다. 오히려 제작하는 데에 돈이 더 들지 않으면 다행이었다.

 "몇 달 뒤에 단편 애니메이션 박람회가 열립니다. 거기에 꼭 작품을 선보이고 싶습니다."

팀원들의 눈이 반짝반짝 빛났다. 목소리에도 힘이 넘쳤다. 스티브는 그들에게서 십여 년 전 자신의 모습을 보았다.

"꼭 하고 싶은 일이라면 해야지."

스티브는 한창 열정이 넘치는 그들의 꿈을 짓밟고 싶지 않았다. 꿈을 꾼다는 것이 얼마나 소중한지 잘 아는 탓이었다. 넥스트의 임원진은 불만의 목소리를 높였다. 하지만 스티브는 의연하게 그들의 든든한 후원자가 되어 주었다.

몇 달 뒤 픽사의 그래픽 팀은 〈틴 토이〉라는 단편 애니메이션을 완성했다. 〈틴 토이〉는 공개되기가 무섭게 많은 사람들의 열렬한 호응을 얻었다. 그리고 단편 애니메이션 부문에서 아카데미상을 수상했다. 스티브는 제작자로 시상식에 참가해 큰 박수를 받았다.

스티브는 신선한 충격을 받았다. 컴퓨터라는 기계가 경제 활동뿐만 아니라 문화에도 영향을 미칠 수 있다는 사실을 비로소 깨닫게 된 것이다.

〈토이 스토리〉를 만들다

〈틴 토이〉의 성공으로 영화 산업에 흥미를 갖게 된 스티브는 또다른 애니메이션을 만들고 싶었다. 하지만 픽사의 자금으로는 턱없이 부족했고, 스티브의 또 다른 회사 넥스트 역시 신제품 개발이 늦어져 투자를 했던 사람들마저 하나둘 발길을 돌리는 상황이었다. 뭔가 다른 방법을 찾아야 했다. 그럴 즈음 스티브에게 한 통의 전화가 걸려 왔다.

"〈틴 토이〉와 같은 기법으로 장편 애니메이션 영화를 만들 수 있겠소?"

미국에서 대부분의 애니메이션 영화를 제작하고 있는 디즈니사였다. 스티브는 디즈니사의 제안에 마음이 들떴지만 애써 침착하게 말했다.

"그럼 디즈니에서는 우리를 위해 무엇을 해 주시겠습니까?"

"장편 애니메이션 영화를 만드는 데에 필요한 돈을 모두 지불하겠소."

그것만 가지고는 부족했다. 스티브에게는 그 이상의 조건이 필요했다.

"그렇다면 우리에게는 남는 게 하나도 없겠군요. 그런 조건이라면 계약할 수 없습니다."

어떤 상황에서도 당황하지 않는 스티브의 성격이 그대로 드러났다. 디즈니에서는 또 다른 조건을 내걸었다.

"영화의 홍보 비용도 우리 쪽에서 지불하지요. 또 영화 상영에 따른 수입의 12.5퍼센트를 드리겠습니다."

그리 나쁜 조건은 아니었다. 마지막으로 확인할 것이 하나 더 남아 있었다.

"디즈니에서는 영화 제작과 관련해서 어떤 이익을 원하십니까?"

"우리에게는 영화와 관련된 상품에 대한 모든 권리를 주시오."

어차피 스티브는 애니메이션 영화 산업에 대해 아는 바가 별로 없었다. 디즈니라고 하는 최고의 애니메이션 회사와 일을 하게 된다면 분명히 잃는 것보다 얻는 게 많을 것 같았다. 스티브는 곧 바로 디즈니와 계약을 맺었다.

스티브는 그래픽 팀에게 장편 애니메이션 영화를 만들라고 지시했다. 그래픽 팀은 십 분짜리 〈틴 토이〉를 한 시간 반짜리 이야기로 늘렸다. 영화를 본 스티브는 제대로 판단할 수가 없었다.

"이런 이야기를 사람들이 보고 싶어 할까?"

일단은 디즈니사의 의견을 들어 보기로 했다. 스티브는 시나리오를 가지고 디즈니사를 찾아갔다.

"이야기가 너무 늘어지는 것 같네. 지루하기 짝이 없어. 이래서는 관객들이 좋아할 리 없지."

　스티브는 고개를 끄덕였다.

　"재미있는 이야기여야 해. 흥미를 끌 수 있는 요소도 더 많이 넣고, 주인공도 매력적인 인물로 다시 설정해."

　스티브는 그래픽 팀과 함께 시나리오를 수정해 다시 디즈니사의 의견을 물었다. 그렇게 몇 차례의 수정을 거쳐 시나리오가 완성되자, 영화 제작은 빠르게 진행되기 시작했다. 픽사의 그래픽 팀은 밤낮없이 영화를 만드는 데 몰두했다.

　"자네들은 지금 전 세계가 깜짝 놀랄 만한 일을 하고 있어. 자네들의 손으로 인해 세상은 또 한 번 바뀌게 될 거야."

　일을 추진하는 데 있어 팀원들을 자극하고 격려하는 스티브의 전략은 변함이 없었다. 덕분에 본격적으로 작업을 시작한 지 일 년 만에 세계 최초의 컴퓨터 애니메이션 장편 영화 〈토이 스토리〉가

완성되었다. 〈토이 스토리〉는 마치 살아서 움직이는 듯한 입체적이고 생동감 넘치는 화면을 제공했다.

1995년 12월, 드디어 〈토이 스토리〉가 극장에서 개봉되었다. 크리스마스라서 가족들과 함께 〈토이 스토리〉를 보러 오는 사람들이 많았다. 영화를 본 사람들은 이제껏 접해 보지 못한 새로운 컴퓨터 애니메이션 영화에 열광했다. 입소문이 퍼지면서 관객은 기하급수적으로 늘어났고, 〈토이 스토리〉는 대흥행을 기록했다. 스티브가 넥스트와 픽사를 시작한 이래 처음으로 맛보는 성공이었다.

1달러 사장

〈토이 스토리〉가 완성되기 전 넥스트는 큰 어려움에 빠져 있었다. 넥스트의 컴퓨터가 소비자들에게 외면당하고 있는 탓이었다.

"도대체 사람들이 원하는 게 뭘까?"

그동안의 경험을 되짚어 보면 답은 쉽게 찾을 수 있었다. 사람들은 값비싼 컴퓨터보다는 다양하게 활용할 수 있는 컴퓨터를 원했다.

"소프트웨어 개발에 주력해야겠어."

스티브는 컴퓨터 프로그램을 개발하는 소프트웨어 팀만 제외

하고 나머지 팀을 다른 회사에 넘겨 버렸다. 그리고 회사 이름도 '넥스트 소프트웨어'로 바꾸었다.

"이제 다시 시작하는 거야."

스티브는 소프트웨어 팀과 함께 밤낮없이 머리를 맞대고 회의했다. 회의의 주제는 날마다 똑같았다. 사람들이 필요로 하는 것이 과연 무엇인지에 대한 토론이었다. 팀원들은 여러 가지 자료를 토대로 각자 의견을 내놓았다.

"누구나 쉽게 사용할 수 있는 컴퓨터 프로그램, 그게 필요해."

스티브가 결정을 내렸다. 팀원들은 즉시 프로그램 개발에 착수했다. 그리고 얼마 후 '넥스트 스텝'이라는 소프트웨어를 만들어 냈다. 넥스트 스텝은 1994년 한 해 동안에만 수십만 개가 팔려 나갔다. 1988년 창업한 이래 넥스트에 수익이 생긴 첫 번째 사례였다.

반면 그 당시 애플 컴퓨터는 큰 어려움을 겪고 있었다. 수년 동안 애플 컴퓨터는 새로운 제품을 만들지 못하고 있었다. 비슷한 컴퓨터를 생산하는 경쟁 업체가 계속 성장한 탓도 있었다.

"애플 컴퓨터가 왜 이렇게 되었을까?"

비록 쫓겨나기는 했어도 자신에게는 특별한 곳이었기에 스티브는 애플 컴퓨터의 처지가 안타까웠다.

"분명히 뭔가 잘못 돌아가고 있을 텐데……."

스티브가 애플 컴퓨터를 걱정하고 있을 때였다. 애플 컴퓨터의 사장 존이 스티브를 찾아왔다.

"스티브, 애플 컴퓨터를 도와주게."

스티브는 뜻밖의 부탁에 어리둥절했다.

"애플 컴퓨터를 살릴 사람은 자네밖에 없다는 결론을 내렸네. 임원진도 모두 자네를 원하고 있다네. 제발 애플 컴퓨터의 사장직을 맡아 회사를 이끌어 주게."

스티브는 가슴이 벅차올랐다.

이십여 년 전 애플 컴퓨터에서 쫓겨날 때만 해도 애플 컴퓨터가 스티브를 향해 손을 내밀리라고는 생각지도 못했다. 스티브는 차분히 생각을 정리했다.

"저에게는 이제 막 수익을 내기 시작한 넥스트 소프트웨어가 있습니다."

"알고 있네. 하지만 꼭 넥스트 소프트웨어의 사장만 하라는 법은 없지 않은가?"

존은 매우 절박해 보였다.

스티브는 재빨리 머리를 굴려 다음과 같은 조건을 제시했다.

"이미 운영하고 있는 회사가 있는데 비슷한 업종의 다른 회사를 맡기는 어렵습니다. 대신 두 회사를 합치면 어떻겠습니까?"

애플 컴퓨터의 사장은 눈을 동그랗게 떴다. 애플 컴퓨터와 넥스트 소프트웨어를 하나의 회사로 합칠 수 있다는 생각은 하지 못했던 것이다.

스티브가 다시 말을 이었다.

"그렇게 한다면 애플 컴퓨터는 소프트웨어의 효과적인 개발은 물론 지금까지 그 일을 진행했던 기술자까지 모두 데리고 갈 수 있습니다."

존은 스티브의 조건에 찬성했다.

"이제 자네 개인에 대한 계약을 하도록 하지. 애플 컴퓨터의 사장으로서 연봉은 얼마를 주면 되겠나?"

스티브는 잠시 생각에 잠겼다. 그러고는 이렇게 말했다.

"저에게 1달러만 주십시오."

일 년 동안 일한 대가로 1달러라니!

존은 자신의 귀를 의심하지 않을 수 없었다. 스티브가 다시 말을 이었다.

"저는 돈 때문에 애플 컴퓨터로 돌아가려는 게 아닙니다. 그 점을 분명히 하고 싶어서입니다."

결국 스티브는 연간 1달러를 받고 일하는 1달러 사장이 되었다. 그래도 스티브는 만족스러웠다. 자신의 손으로 만들었던 애플 컴퓨터에서 세상을 바꿀 수 있는 무엇인가를 다시 만들어 낼 수 있다는 사실만으로도 행복했기 때문이다.

스티브 잡스 아저씨의 성공법칙 ❻
자유롭게 상상하기

컴퓨터 그래픽에 눈을 뜨면서 컴퓨터를 바라보는 스티브의 생각은 크게 바뀌었습니다. 이전까지 스티브는 컴퓨터를 단순히 산업 활동에 쓰이는 전자 기기라고 생각했습니다. 하지만 픽사의 컴퓨터 그래픽 팀은 스티브에게 새로운 세계를 열어 주었습니다. 컴퓨터로 만든 그래픽 화면은 마치 진짜 세상처럼 생생하고, 신비롭기까지 했습니다. 그때 스티브는 깨달았지요. 컴퓨터는 인간의 마음까지도 움직이게 할 수 있는, 살아 있는 기계라는 사실을 말입니다.

컴퓨터 그래픽으로 애니메이션 영화를 만들면서 스티브의 머릿속은 바빠졌습니다. 과연 사람들은 어떤 주인공을 매력적으로 생각할까? 어떤 이야기를 재미있어 할까? 어떤 화면을 어떻게 만들어 내는 것이 좋을까? 끊임없이 머리를 굴리며 새로운 이야기를 상상할 때마다 스티브의 가슴은 뜨겁게 달아올랐습니다.

스티브는 상상력을 통해 보다 재미있는 등장인물과 더욱 흥미로운 이야기를 만들어 냈습니다. 이러한 고민 끝에 만들어진 것이 바로 〈토이 스토리〉이고, '넥스트 소프트웨어'입니다. 그리고 그 이후에 만들어진 아이폰이나 아이패드도 스티브의 상상력을 통해 만들어진 것들이지요.

상상이란 실제로 경험하지 않은 일이나 사물을 마음속으로 그려 보는 것을 말합니다. 위대한 발명가는 상상을 통해서 세상을 바꿀 만한 위대한 제품을 만들어 냈습니다. 전구를 발명한 에디슨, 해시계를 만든 장영실 등이 바로 그러한 예이지요. 그리고 컴퓨터 그래픽으로 장편 애니메이션 영화를 만든 스티브 잡스도 마찬가지입니다. 그만큼 상상력에는 세상을 바꾸는 놀라운 힘이 있습니다.

영국의 철학자 존 스튜어트 밀은 "이 세상의 모든 훌륭한 것들은 모두 독창성의 열매"라고 했습니다.

여러분, 끊임없이 상상하세요. 그 상상이 아무리 터무니없고, 친구들이 비웃더라도 괜찮아요. 그림을 그릴 때도, 이야기를 지을 때도, 숙제를 하거나 시험 공부를 할 때도 자신만의 새로운 방법을 만들어 보세요. 점점 더 기발하고 신선한 생각들이 떠오를 것이며 현실적으로 이룰 수 있다는 자신감을 갖게 될 것입니다.

미래를 향한 발걸음

나는 여러 가지 일들을 겪으면서
세상을 바라보는 눈이 바뀌었어요.
어렸을 때는 나밖에 보이지 않았는데
나이를 먹으면서 점차 세상을 크고 넓게 바라보게
된 것이지요. 더불어 나의 포부 또한 커졌어요.
나는 오래전부터 '세상을 바꿀 수 있는 무엇'을
만들고 싶었어요. 어떤 상황에서도 그 꿈만큼은
변함이 없었지요. 그런데 그 꿈을 이루려고 하면 현재만
바라볼 수 없었어요. 나는 끊임없이 미래를 보려 애썼고,
바로 지금 실천해야 한다는 사실을 깨달았어요.
결국 내가 현재 하고 있는 모든 일들이
앞으로 펼쳐질 세상을 바꿀 것이라는 믿음을 가지고
있었던 거지요.

새로운 도약

스티브는 애플 컴퓨터가 현재의 상태로는 힘들다는 것을 깨달았다. 스티브는 먼저 임원진들을 회사에서 쫓아냈다. 그리고 직원들에게 '새로운 것'에 대한 열정을 불어넣기 시작했다.

"가슴에 열정을 품은 사람만이 새로운 것을 창조할 수 있습니다. 애플 컴퓨터는 새로운 창조자를 기다립니다."

스티브는 직원들에게 회사의 주식을 보너스로 지급하겠다고 약속했다. 차츰 직원들은 스스로를 회사의 주인으로 생각하기 시작했다. 자연스럽게 그들이 하는 일에도 활기가 생겼다. 스티브가 바라던 대로 회사의 분위기가 바뀌기 시작했다.

"바로 지금이야. 애플 컴퓨터가 다시 일어서려면 지금을 놓치면 안 돼!"

스티브는 서서히 불기 시작한 변화의 바람을 기회로 삼아 애플 컴퓨터가 다시 성장할 수 있는 방법을 찾았다. 스티브는 새로운 임원들을 모아 놓고 말했다.

"지금 회사는 몇 년째 적자를 면치 못하고 있습니다. 지금의 상황을 바꾸려면 외부 업체에서 투자를 받아야 합니다."

"맞는 말씀입니다. 하지만 누가 지금의 애플에 투자를 하겠습니까?"

임원들은 모두 걱정스러운 표정을 지었다. 스티브는 확신에 찬 목소리로 대답했다.

"마이크로소프트사의 투자를 받아 오겠습니다."

임원들은 모두 깜짝 놀랐다. 마이크로소프트사는 애플 컴퓨터의 경쟁사라고 할 수 있었다. 임원들은 스티브의 의견에 반대하고 나섰다.

"경쟁사의 도움을 받는다면 우리는 제대로 그 회사와 경쟁할 수 없습니다. 결국은 마이크로소프트사와의 경쟁에서 지고 말 겁니다."

임원들의 말에도 일리는 있었다. 하지만 스티브는 애플 컴퓨터를 더 크게 키우려면 마이크로소프트사와 손을 잡는 것이 가장 효과적인 방법이라고 믿었다. 결국 임원진이 한발 물러나 스티브의 뜻에 따르기로 했다.

스티브는 마이크로소프트사로부터 1억 5천만 달러의 투자를 받아 냈다. 대신 애플 컴퓨터에서 개발한 사용자 위주의 소프트웨어 프로그램을 마이크로소프트사에 넘겨주기로 했다.

임원들은 애플 컴퓨터의 소중한 자산이 경쟁사에 넘어갔다며 안타까워했지만 스티브는 여전히 당당하게 말했다.

"지난 일에 연연하지 마십시오. 우리에게는 미래가 있습니다. 미래에 우리는 경쟁사를 뛰어넘어 세계 최고의 컴퓨터 소프트웨어 업체가 되어 있을 것입니다."

스티브는 차분하게 임원들의 마음을 돌렸다. 그리고 스티브가 돌아온 지 몇 달 지나지 않아 애플 컴퓨터 회사는 예전처럼 흑자로 돌아섰다.

아이맥 그리고 CD 드라이브

그즈음 사람들 사이에서는 인터넷이 큰 인기를 끌고 있었다. 인터넷으로 컴퓨터가 서로 연결되어 정보를 공유한다는 사실이 그 당시에는 획기적이었다. 스티브는 인터넷이 세상을 바꾸는 힘이 될 것이라고 판단했다. 스티브는 그 첫 단추로 인터넷 매킨토시, 즉 '아이맥'을 생각해 냈다.

아이맥은 회로기판을 통해 인터넷 정보망을 연결하는 설비와 스피커, 모니터까지 본체에 통합시킨 모델이었다. 아이맥이 성공적으로 개발된다면 특별한 장치가 없어도 인터넷을 활용하는 게 가능했다.

아이맥의 개발이 막바지에 이를 때였다. 스티브는 아이맥의 겉모양에서 한 가지 불만스러운 점을 발견했다.

"플로피 디스크 드라이브가 꼭 있어야 할까?"

당시만 하더라도 플로피 디스크는 거의 모든 사람들이 사용하는 필수적인 물품이었다.

"사람들이 모두 플로피 디스크를 쓰고 있으니까 당연히 플로피 디스크 드라이브도 있어야지요."

디자이너는 너무나 당연한 것을 지적하는 스티브가 이상했다. 하지만 스티브의 생각은 달랐다.

"플로피 디스크는 너무 불안전해. 바이러스에도 쉽게 노출되고 자료도 충분히 담을 수 없잖아."

스티브의 말은 사실이었다. 하지만 플로피 디스크를 사용하지 않는다면 사람들은 작업하는 컴퓨터를 항상 가지고 다녀야 하는 형편이었다.

"커다란 컴퓨터를 항상 가지고 다닐 수야 없지. 하지만 요즘 사람들은 인터넷을 쓰잖아. 그러니까 필요한 문서나 자료가 있으면 이메일을 이용해서 전달할 수 있어."

이메일로 자료를 전달하면 자료가 필요한 사람은 어디에서든 인터넷에 연결해 자료를 다운 받아 쓸 수 있었다. 하지만 인터넷이 원활하게 연결되지 않는다면 곤란한 상황에 처할 가능성도 있었다.

"아무래도 플로피 디스크는 필요할 것 같아요."

디자이너가 말했다. 하지만 스티브는 계속해서 고집을 부렸다.

"플로피 디스크 말고 요즘은 CD도 많이 쓰잖아. 차라리 CD를 읽을 수 있는 드라이브를 만들면 어때?"

CD는 플로피 디스크보다 더 많은 자료를 담을 수 있을 뿐 아니라 플로피 디스크보다 안전하고 값도 쌌다. 하지만 그때까지만 해도 플로피 디스크처럼 보편화되어 있지 않았다.

"우리가 바꾸면 되잖아. 플로피 디스크 드라이브를 없애고 CD 드라이브를 만들어서 사람들로 하여금 CD를 더 많이 쓰도록 이끌면 된다고."

스티브는 디자이너를 설득했다. 결국 아이맥에는 플로피 디스

크 드라이브 대신 CD-ROM 드라이브가 장착되었다. 그리고 1998년 5월, 애플 컴퓨터의 아이맥이 세상에 공개되었다. 사람들은 본체 하나로 모든 시스템이 완벽하게 연결되어 있는 아이맥에 열광했다. 아이맥은 출시 6주 만에 25만 대가 팔려 나가는 기적을 만들어 냈다. 그날 이후 당연히 플로피 디스크도 자취를 감추었다. 스티브가 미래를 정확하게 예측함으로써 애플 컴퓨터는 또

다시 전성기를 맞이하게 되었다.

아이팟과 아이폰

'컴퓨터와 관련해서 바꿀 수 있는 문화 산업은 없을까?'

아이맥 출시 이후 스티브는 계속 같은 생각에 빠져 있었다. 그럴 즈음 '사운드잼'이라는 소프트웨어가 그의 눈길을 사로잡았다. 사운드잼은 컴퓨터에서 음악 파일을 들을 때 필요한 소프트웨어였다. 스티브는 영화 산업 이상으로 크고 넓은 음악 시장을

공략한다면 〈토이 스토리〉 이상의 성공을 이룰 수 있을 것이라 판단했다.

　스티브는 곧바로 사운드잼 제작자에게 연락했다. 그리고 사운드잼 제작팀 전부를 애플 컴퓨터로 끌어들였다. 스티브는 컴퓨터와 음악을 연계하는 새로운 프로그램을 개발하기 시작했다.

　하지만 스티브보다 한발 앞서 컴퓨터에 음악을 결합시킨 사람이 있었다. 놀랍게도 그는 열아홉 살의 남학생이었다. 그는 '냅스터'라는 프로그램을 통해 다른 사람의 컴퓨터를 자신의 것과 연결해 음악 파일을 다운 받을 수 있도록 했다. 냅스터는 인터넷을 사용하는 사람들 사이에서 급속도로 퍼져 나갔다. 하지만 냅스터는 합법적인 프로그램이 아니었다. 음반 업계에서는 법원에 냅스터의 사용 중지 소송을 냈고, 법원은 음반 업계의 손을 들어 주었다. 결국 냅스터 사이트는 폐쇄되었다. 하지만 냅스터 프로그램은 이미 퍼질 대로 퍼진 상황이었다.

이러한 상황을 유심히 지켜보던 스티브는 사람들의 음악에 대한 열망과 음반 업계에 내한 불만을 느꼈다. 스티브는 이러한 문제를 동시에 풀 수 있는 방법을 찾아 고민하기 시작했다.

2001년, 애플 컴퓨터는 드디어 '아이튠즈'를 일반 사람들 앞에 선보였다. 아이튠즈는 음반에 있는 노래나 영화를 컴퓨터에 저장해서 언제든지 쉽게 듣고 볼 수 있게 만든 프로그램이었다. 이어 애플 컴퓨터는 컴퓨터에 저장되어 있는 노래나 영화를 옮겨 담을 수 있는 조그마한 디지털 미디어 플레이어를 출시했다. 이것이 바로 '아이팟'이었다.

아이팟은 출시되기가 무섭게 팔려 나갔다. 마치 모든 사람들이 아이팟이 나오기를 손꼽아 기다리고 있었던 것처럼 아이팟의 인기는 대단했다.

스티브는 아이팟의 성공적인 판매를 지켜보면서 또 다른 계획을 세웠다. 바로 주요 음반 회사의 음악을 모두 디지털 파일로 바꾸는 것이었다.

스티브는 음반 회사와 음악가들을 찾아다니며 자신의 계획을 설명했다. 하지만 음반 업계와 음악가들의 반응은 무덤덤했다.

"음악을 디지털 파일로 만들면 사람들은 냅스터를 통해 공짜로 다운 받을 거요. 그러면 우리가 땀 흘려 만든 음악이 아무런 대가도 받지 못한 채 버려지는 거지요."

"맞습니다. 그렇기 때문에 아예 디지털 음악 파일을 만들어서 돈을 받고 다운을 받도록 하자는 겁니다. 그러면 여러분들이 만든 음악에 대해 정당한 대가를 받을 수 있습니다. 불법으로 다운받는 것도 막을 수 있고요. 어떻습니까?"

음반 업계와 음악가들의 입장에서 손해 볼 일은 없는 것 같았다. 그들은 스티브에게 이 일을 모두 맡겼다. 스티브는 곧바로 일을 추진해 나갔다.

2003년 4월, 스티브는 아이튠즈 뮤직 스토어라는 사이트를 열었다. 아이튠즈 뮤직 스토어는 음악 파일을 판매하는 인터넷상의 가게였다. 스티브는 사이트에 엄청난 양의 음악 파일을 준비해 놓고, 한 곡당 1달러도 안 되는 값에 판매했다. 음악에 대한 대가라고 하기에는 너무나 싼 가격이었다. 음반 업계는 은연중에 불만을 드러냈다. 하지만 스티브는 확신했다.

"한 사람이 한 곡만 다운 받지는 않습니다. 다운 받는 사람이 많아질수록 이익은 두 배, 세 배 늘어날 겁니다. 사람들은 음악을 듣는 값이 비싸면 다시 공짜로 다운 받을 수 있는 무료 프로그램을 이용하게 될 겁니다."

스티브는 음반 업계와 음악가들을 설득했다. 스티브의 판단은 정확했다.

냅스터를 통해 불법적으로 음악 파일을 다운 받던 사람들마저 모두 합법적인 아이튠즈 뮤직 스토어를 찾았다. 음반 업계에서도 아예 음반 형태가 아닌 디지털 음악 파일로 음악을 만들기에 이르렀다. 스티브로 인해 음반 시장이 바뀌고 있었다.

영화를 넘어 음악 산업에까지 진출하게 되자 스티브는 애플 컴퓨터라는 이름을 애플 주식회사로 바꾸었다.

그리고 2007년 6월, 스티브는 '아이폰'을 세상에 내놓았다. 아이폰은 아이팟에 휴대 전화 기능을 더한 것으로, 아이폰 하나만 있으면 전화 통화는 물론 인터넷 연결과 영화 보기, 음악 듣기가 모두 가능했다. 아이폰의 놀라운 성능에 사람들은 감탄했다. 하지만 스티브는 숨 돌릴 틈도 없이 다른 제품을 준비했다.

2010년 4월, 애플 주식회사는 아이폰의 기능에 전자책과 업무용 프로그램인 아이워크가 실행되는 '아이패드'를 선보였다. 아이패드 하나로 사람들은 언제 어디에서나 책을 읽고, 업무를 처리할 수 있게 되었다. 스티브에 의해 세상은 빠른 속도로 바뀌고 있었다.

스티브 잡스 아저씨의 성공법칙 ❼
용감하게 실천하기

　스티브는 세상을 바꿀 수 있는 기계를 만들고 싶어 했습니다. 그리고 그 꿈은 애플 컴퓨터로 다시 돌아와 제대로 꽃을 피웠습니다. 〈토이 스토리〉 이후 스티브는 컴퓨터에 대한 생각을 더 넓혔습니다. 컴퓨터를 사람들의 생활 방식과 문화를 바꿀 수 있는, 살아 있는 기계로 본 것이지요. 이에 따라 스티브는 인터넷과 음악 산업에 이르기까지 다양한 방면에서 컴퓨터를 활용하기 시작했습니다.

　스티브가 컴퓨터로 세상을 변화시킬 수 있었던 가장 큰 힘은 그의 무서운 실천력이었습니다. 생각만 하고 행동으로 옮기지 않았다면 아무것도 변화되지 못했을 테니까요. 그리고 그의 실천력만큼이나 중요한, 또 하나의 요소가 있습니다. 바로 과거나 현재가 아닌 미래를 내다보고, 미래에 필요한 것을 정확하게 찾아내는 힘입니다. 그런데 스티브는 미래에 필요한 것을 어떻게 예측할 수 있었을까요?

　스티브는 스스로 소비자의 입장이 되어 제품의 단점을 찾아내려 애썼습니다. 그리고 그것을 효율적으로 보완함으로써 남들보다 빠르게 소비자들이 원하는 것을 만들어 낼 수 있었습니다.

　미국의 정치가이자 과학자인 프랭클린은 "해야 할 일은 실행하겠다고 결심하라. 그리고 결심한 것은 반드시 실행하라."고 했습니다. 행동으로 옮기는 실천력의 중요성을 이야기한 것이지요. 스티브는 사람들이 음악 파일을 만들어 함께 공유하는 것을 보고 음악 산업에 일고 있는 변화의 바람을 읽었습니다. 그리고 재빨리 아이팟이라는 새로운 형태의 음악 문화를 만들어 냈습니다. 아이폰과 아이패드의 개발도 마찬가지입니다. 스티브는 과학을 발전시켰을 뿐만 아니라 새로운 문화를 창조한 사람으로서 전 세계인의 존경을 받고 있습니다.

　여러분도 아무리 작은 일이라도 계획한 것은 꼭 실천하세요. 하고자 하는 일에 대한 일일 계획표를 세운다면 더 쉽게 실천할 수 있어요. 꿈은 머릿속으로 꾸는 것이 아니라, 직접 행동에 옮기고 그 꿈을 이루도록 끊임없이 노력하며 성취할 때 가치가 있답니다.

practice
실천

"어떤 일을 추진하는 데에 있어
잊어서는 안 될 중요한 것이 있어요.
그것은 바로 지금, 오늘이라는 시간이에요.
지난날에 얽매이는 것은 의미가 없어요.
또 미래를 바꾸겠다고 미래만 바라보며 현실을 살피지 않는다면
그것은 공상에 속하게 되지요.
과거를 기반으로 미래를 설계하려면 지금 현재를
충실히 채워야 해요. 현재가 쌓여 미래가 될 테니까요.
즉, 과거와 미래를 이어 주는 것은 바로 현재라는 사실,
그것을 기억하고 시간을 충실히 채워 가는 자세가
가장 중요하다고 생각해요."

죽음의 문 앞에 서다

스티브가 긴 이야기를 맺었다. 학생들은 마치 먼 여행을 다녀온 듯 숨을 크게 내쉬었다. 학생들의 얼굴이 발그레했다. 한껏 들뜬 듯 보였다.

"이제 그만 일어설까요?"

스티브가 물었다. 남학생 하나가 손을 들었다.

"한 가지만 여쭤 봐도 될까요?"

스티브는 고개를 끄덕였다.

"지금까지 살아온 인생 가운데 가장 소중하다고 생각되는 때는 언제인가요?"

스티브는 가만히 눈을 내리떴다. 곰곰이 기억을 더듬는 듯 보였다. 학생들은 눈을 반짝이며 스티브를 바라보았다. 스티브가 천천히 입을 열었다.

"바로 지금이요."

학생들은 눈을 동그랗게 떴다. 스티브의 말을 이해할 수 없다는 표정이었다. 스티브가 허허 웃으며 다시 말을 이었다.

"지금 이 순간만큼 소중한 것은 없다고 생각해요."

"그렇게 생각하시는 이유가 있나요?"

스티브는 고개를 끄덕였다.

"학생들은 아직 그런 경험이 없겠지만 나는 죽음의 문턱까지 다녀왔어요."

1991년에 스티브는 대학원에서 만난 로렌즈 포웰과 결혼해서 같은 해에 아들 리드를 얻었다. 언제나 자신을 응원하는 아내와 아들의 후원으로 더없이 행복하고 편안한 시간을 보낼 즈음, 스티브는 몸에 이상을 느꼈다. 하지만 스티브는 크게 걱정하지 않았다.

"아직 내 나이 쉰도 안 됐어. 걱정할 거 없어."

그래도 아내 로렌즈는 스티브의 건강이 걱정스러웠다. 너무나 이른 나이에 성공과 실패를 고루 겪은 남편이었다. 로렌즈의 성화에 스티브는 병원을 찾았다. 그리고 의사로부터 췌장암이라는 진단을 받았다.

"췌장암이 뭔가요?"

스티브는 기계와 회로기판에 대해서는 모르는 게 없었지만, 사람의 몸에 대해서는 아는 바가 없었다.

"췌장은 위장 아래 쓸개 옆에 붙어 있는 장기입니

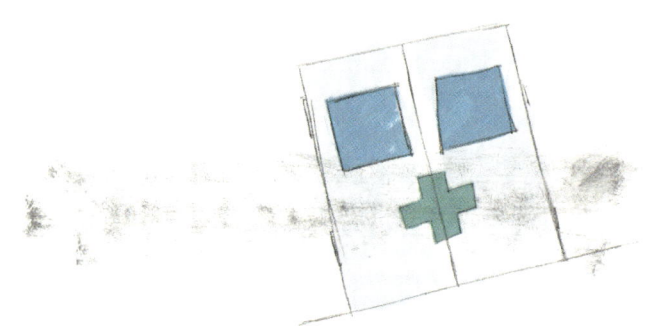

다. 사람의 소화 기능을 담당하고 있지요."

의사가 담담히 설명했다. 그때까지도 스티브는 자신에게 닥친 죽음의 그림자를 느끼지 못했다. 그의 동물적인 직관은 오직 사업적인 면에서만 발휘가 되는 듯했다.

"췌장암은 암 중에서도 치료가 매우 어려운 병입니다. 지금 상황으로 봐서는……."

의사는 말을 잇지 못했다. 로렌즈가 떨리는 목소리로 물었다.

"치료 시기를 놓친 건가요?"

의사는 고개를 끄덕였다. 그러고는 스티브에게 길어야 반년 정도 살 수 있을 것이라고 했다. 스티브는 자신에게 닥친 현실을 믿을 수 없었다. 이제껏 열심히 살아 온 자신의 인생에 이 무슨 날벼락이란 말인가!

스티브는 의사의 선고를 믿고 싶지 않았지만 받아들일 수밖에 없었다.

스티브는 조용히 삶을 정리해야겠다고 마음먹었다. 그리고 자신이 했던 일들을 종이에 하나씩 적어 나갔다. 다행히 제법 많은 일을 이루어 놓은 듯했다. 마음에 걸리는 것들도 있었다.

"지금까지 지나치게 나만 생각했어. 다른 사람들 생각도 들어줘야 했는데……."

자신의 뜻을 이루고자 막무가내로 고집을 피웠던 지난 일들이 떠올랐다. 때로 독설을 퍼부으며 열심히 일하는 사람들을 내쫓았던 기억도 되살아났다.

뒤늦은 후회가 밀려왔다.

"이제 잘할 수 있을 것 같은데……. 욕심 부리지 않고 사람들과 잘 어울려 가면서 다시 한 번 세상을 바꿔 볼 수 있을 것 같은데……."

너무 늦은 다짐이라고 생각할 때였다. 로렌즈가 한껏 들뜬 목소리로 스티브에게 말했다.

"병원에서 연락이 왔어요. 암 조직에 대해 정밀 검사를 했는데, 당신 종양이 좀 특이해서 수술을 할 수 있을 것 같대요."

죽음의 사자가 장난을 치는 것만 같았다. 세상을 위해 좀 더 좋은 일을 하라고 기회를 주는 것 같았다. 스티브는 조금 전에 했던 다짐을 다시 한 번 되새겼다.

수술은 성공적이었다. 담당 의사도 스티브에게 행운이 깃든 것 같다고 말했다. 죽음의 문 앞에서 다시 삶을 되찾은 스티브는 모든 것이 그저 감사하기만 했다.

다시 처음으로

"죽음의 문턱까지 다녀오고 보니 세상이 다르게 보이더군요. 세상의 주인공은 나라고 생각했었는데, 그것 또한 참 아이 같은 생각이었어요."

스티브가 쑥스러운 듯 허허 웃었다. 눈을 반짝이며 스티브의 이야기에 흠뻑 빠져 있던 학생들도 스티브를 따라 웃었다. 금발의 남학생이 물었다.

"지금은 세상의 주인공이 누구라고 생각하세요?"

"나를 포함한 세상 전부가 다 주인공이지요. 지금의 이야기를 이끌어 가는 것도, 세상의 흐름을 바꾸는 것도 모두 나를 포함한 세상 사람들이 함께하는 겁니다. 절대로 혼자서는 어떤 일이든지 이룰 수가 없어요."

학생들은 말없이 고개를 끄덕였다.

"스스로가 세상을 바꾸는 주인공이라고 생각해야 해요. 그러면 반드시 세상은 여러분이 원하는 대로 펼쳐질 것입니다."

스티브의 이야기가 거의 끝나가고 있었다.

"이런, 이야기가 너무 길었군요."

스티브가 쑥스러운 듯 웃으며 자리에서 일어났다. 학생들도 엉덩이를 털며 함께 일어섰다.

"선생님 이야기는 정말 감동적이었어요."

한 여학생이 발그레한 얼굴로 말했다.

"저희들이 사회에 나가서 활동하는 데 훌륭한 본보기가 될 것 같아요."

학생들의 말에는 진심이 담겨 있었다. 스티브는 학생들의 마음을 감사하게 생각하며 말했다.

"그렇다면 끝으로 딱 한 마디만 더 하지요."

그러자 스티브의 옆에 있던 남학생이 말을 이었다.

"늘 배고파 해라! 늘 어리석어라!"

졸업식장에서 스티브가 했던 마지막 말이었다. 스티브는 고개를 끄덕였다.

"물론 그 말도 중요하지요. 하지만 거기에 덧붙인다면 바로 지금 이 순간에 흐르고 있는 시간을 소중하게 생각하세요. 시간은 누구도 기다려 주지 않습니다. 그러니 인생을 낭비하며 살지 않았으면 좋겠어요. 아주 힘들고 어려운 순간을 맞이하더라도 그

순간에 얻을 수 있는 것을 스스로 찾아내야 합니다."

"애플 컴퓨터에서 쫓겨나셨을 때처럼 말이죠?"

"맞아요. 내 인생에 있어서 창의력을 가장 크게 발휘했던 순간이 바로 그때였던 것 같아요. 여러분에게도 분명히 그런 순간이 올 거예요. 그때를 놓치지 마세요."

스티브는 자신의 말과 행동에 귀를 기울이는 젊은이들을 위해 마지막 말을 덧붙였다. 어느새 스탠퍼드 대학을 따사롭게 비추던 햇살이 뉘엿뉘엿 기울고 있었다.

스티브 잡스 아저씨의 성공법칙 ❽
현재에 충실하기

　스티브는 내면의 소리에 귀를 기울이며 배짱 좋게 일을 추진해 가면서 성공과 실패, 두 가지를 다 경험했습니다. 그러면서 세상을 바라보는 눈이 더 넓고 깊어졌지요. 하지만 스티브를 더 성숙하게 만든 사건은 바로 췌장암 선고였습니다.

　사람은 누구나 죽음을 맞이합니다. 그리고 그 죽음에는 정해진 순서가 없습니다. 나이가 어려도 갑작스럽게 사고를 당하거나 큰 병에 걸려 죽을 수도 있습니다. 그런데 많은 사람들은 죽음을 먼 나라 이야기 혹은 남의 사정으로만 받아들입니다. 스티브 또한 마찬가지였습니다.

　다시 애플 컴퓨터로 돌아와 아이맥과 아이팟을 줄줄이 성공시키면서 스티브는 성공의 기쁨에 흠뻑 빠져 있었습니다. 그럴 즈음 스티브는 몸에 이상을 느꼈지만, 별것 아니라고 생각했습니다. 그때 막 쉰 살이 된 스티브는 죽음이라는 단어를 떠올리지 못했습니다. 그야말로 대수롭지 않게 여겼지요.

　스티브의 건강에 빨간불이 켜진 것을 알아차린 사람은 스티브의 아내였어요. 아내는 즉시 스티브를 병원으로 데려가 건강 검진을 받게 했고, 결국 췌장암이라는 진단을 받았습니다.

　그날부터 스티브는 현재의 소중함을 깨달았습니다. 바로 지금 이 시간에 충실하지 않고서는 미래를 계획할 수 없다는 사실을 깨달았지요. 아무리 엄청난 것을 준비하고 있어도 미래라는 시간이 주어지지 않으면 소용없는 일이 되고 마니까요.

성공하는 사람의 특징 가운데 하나가 현재의 소중함을 안다는 것입니다. 세계적인 발명가 에디슨은 "오늘을 붙들어라! 되도록 내일에 의지하지 말라. 오늘이 일 년 중에서 최선의 날이다."라는 말로 현재의 소중함을 일깨웠습니다.

여러분도 미래의 계획을 크게 세우기보다는 현재 자신이 해야 할 일을 충실하게 적어 보고 실천해 보세요. 오늘 주어진 숙제를 열심히 하고, 오늘 수업을 열심히 듣고, 오늘 내 옆에 있는 친구와 가족들을 소중하게 대하세요. 하루하루를 충실히 살아갈 때 점점 더 나아진 오늘을 만나게 될 거예요. 충실한 오늘이 모여 미래가 되고, 그 모든 시간들이 모여 여러분의 삶이 됩니다.

present 현재

스티브 잡스 아저씨가 만든
세상을 바꾼 물건들

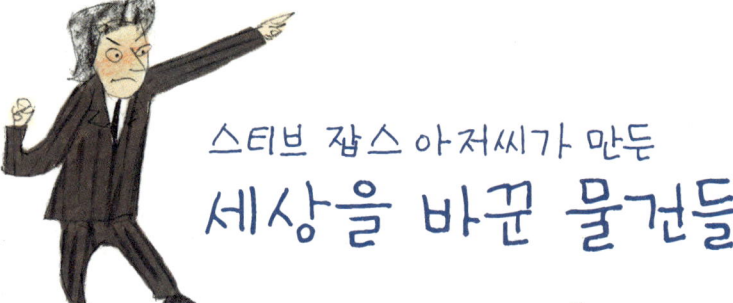

애플 컴퓨터 I
1977년에 스티브 잡스와 스티브 워즈니악이 처음 만든 개인용 컴퓨터이다.

애플 컴퓨터 II
8비트 개인용 컴퓨터이다. 1980년대에 한국에서 가장 많이 보급된 컴퓨터 중의 하나이다.

매킨토시
출판 디자인 등에 주로 사용하는 컴퓨터이다.

맥북
애플 컴퓨터가 만든 노트북 컴퓨터이다.

아이팟
애플 컴퓨터가 만드는 MP3 플레이어다. 디지털 펜이나 손가락으로 입력한다.

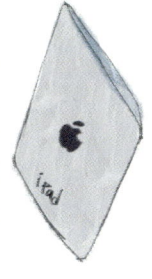

아이패드
자판이나 마우스가 아닌 디지털 펜이나 손가락으로 입력하는 25cm의 컴퓨터이다.

아이폰
아이팟, 휴대전화, 모바일 인터넷이라는 세 가지 주요 기능을 가진 휴대전화이다.

아이맥
애플 컴퓨터의 새로운 브랜드이다. 개인용 컴퓨터의 디자인을 변화시키는 계기가 되었다.

토이스토리
스티브 잡스 아저씨가 만든 픽사 애니메이션. 스튜디오에서 제작한 첫 컴퓨터 그래픽 애니메이션이다.

애플 TV
음악이나 동영상을 컴퓨터에서 무선으로 받아서 텔레비전에서 시청하도록 한 제품이다.

스티브 잡스 아저씨의 세상을 바꾼 도전

1판 1쇄 발행 | 2010. 10. 28.
1판 12쇄 발행 | 2022. 11. 25.

최은영 글 | 정진희 그림

발행처 김영사 | **발행인** 고세규
등록번호 제 406-2003-036호 | 등록일자 1979. 5. 17.
주소 경기도 파주시 문발로 197(우-10881)
전화 마케팅부 031-955-3100 | 편집부 031-955-3113~20 | 팩스 031-955-3111

ⓒ 2010 최은영
이 책의 저작권은 저자에게 있습니다. 저자와 출판사의 허락 없이 내용의 일부를
인용하거나 발췌하는 것을 금합니다.

값은 표지에 있습니다.
ISBN 978-89-349-4141-5 73810

좋은 독자가 좋은 책을 만듭니다. 김영사는 독자 여러분의 의견에 항상 귀 기울이고 있습니다.
전자우편 book@gimmyoung.com | 홈페이지 www.gimmyoungjr.com

어린이제품 안전특별법에 의한 표시사항
제품명 도서 제조년월일 2022년 11월 25일 제조사명 김영사 주소 10881 경기도 파주시 문발로 197
전화번호 031-955-3100 제조국명 대한민국 ⚠주의 책 모서리에 찍히거나 책장에 베이지 않게 조심하세요.